融合信息技术教学改革"融+"特色课程

詹翔 ◎ 主编

吉林出版集团股份有限公司
全国百佳图书出版单位

图书在版编目（CIP）数据

基于融合信息技术教学改革"融+"特色课程 / 詹翔主编. -- 长春：吉林出版集团股份有限公司，2023.12
 ISBN 978-7-5731-4511-6

Ⅰ.①基… Ⅱ.①詹… Ⅲ.①信息技术-应用-教学改革-研究 Ⅳ.①G420

中国版本图书馆CIP数据核字(2024)第000245号

JIYU RONGHE XINXI JISHU JIAOXUE GAIGE "RONG+" TESE KECHENG

基于融合信息技术教学改革"融+"特色课程

主　　编	詹　翔
责任编辑	杨　爽
装帧设计	吴晓华

出　　版	吉林出版集团股份有限公司
发　　行	吉林出版集团社科图书有限公司
地　　址	吉林省长春市南关区福祉大路5788号　邮编：130118
印　　刷	唐山富达印务有限公司
电　　话	0431-81629711（总编办）
抖音号	吉林出版集团社科图书有限公司　37009026326

开　　本	710 mm×1000 mm　1 / 16
印　　张	15
字　　数	230千
版　　次	2023年12月第1版
印　　次	2023年12月第1次印刷

书　　号	ISBN 978-7-5731-4511-6
定　　价	68.00元

如有印装质量问题，请与市场营销中心联系调换。0431-81629729

编委会

主　编：詹　翔

编　委：陈首红　林柳东　李　晗　郑云霞　万　梅

前言
FOREWORD

《诗经》中的"采采芣苢，薄言采之。采采芣苢，薄言有之"歌唱的就是劳动之美。先民唯美的诗歌，历经千年风雨，依然振聋发聩。不管这个世界如何变幻，唯有一个真理是永恒的，那就是：劳动改变世界，劳动者是最美的！

2019年6月23日，中共中央、国务院印发的《关于深化教育教学改革全面提高义务教育质量的意见》，提出要加强劳动教育，要充分发挥劳动综合育人功能，制定劳动教育指导纲要，加强学生生活实践、劳动技术和职业体验教育。优化综合实践活动课程结构，确保劳动教育课时不少于一半。

2016年9月13日发布的《中国学生发展核心素养》一文，从文化基础、自主发展、社会参与三个方面提出了中国学生发展核心素养培育的问题，其中，社会参与下属条目"实践创新"中的"劳动意识"位于首位。综上所述。不论是从国家的教育要求，还是从促进学生健康成长的角度来看，注重小学生劳动教育问题必然是时代发展的要求。

2020年3月20日，中共中央、国务院发布《关于全面加强新时代大中小学劳动教育的意见》，提出劳动教育是中国特色社会主义教育制度的重要内容，直接决定社会主义建设者和接班人的劳动精神面貌、劳动价值取向和劳动技能水平；提出近年来一些青少年中出现了不珍惜劳动成果、不想劳动、不会劳动的现象，劳动的独特育人价值在一定程度上被忽视，劳动教育正被淡化、弱化。对此，全党全社会必须高度重视，采取有效措施，切实加强劳动教育。

新时代呼唤新教育，新教育培养新人才。2020年7月，教育部印发《大中

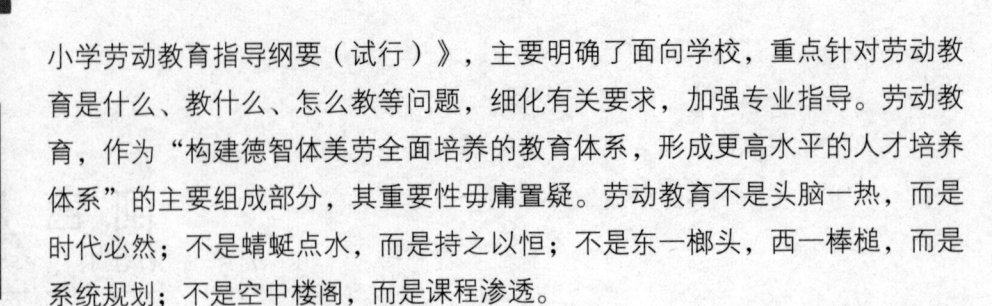

小学劳动教育指导纲要（试行）》，主要明确了面向学校，重点针对劳动教育是什么、教什么、怎么教等问题，细化有关要求，加强专业指导。劳动教育，作为"构建德智体美劳全面培养的教育体系，形成更高水平的人才培养体系"的主要组成部分，其重要性毋庸置疑。劳动教育不是头脑一热，而是时代必然；不是蜻蜓点水，而是持之以恒；不是东一榔头，西一棒槌，而是系统规划；不是空中楼阁，而是课程渗透。

"双减"政策颁布以来，学校多次召开"双减"落实及劳动实践教育专题会议，通过课程开发、创新设计、强化思维型课堂建设、细化评价和督查等各种举措，逐渐形成了具有全校特点的减负增效的典型模式。

学校围绕"教育+实践+创造"特色育人路径，分层分步，推动建立课程完善、资源丰富、模式多样、机制健全的劳动教育体系，明晰片区联动推进中小学劳动教育的育人目标。

通过劳动教育，学校达成"两培养、两提升"（"培养劳动意识和劳动素养"和"提升劳动技能和劳动精神"）的育人目标，使劳动教育有序化、课程化、生活化，促进学生健康、快乐成长。

根据实际情况，学校结合学生学段特点开设了常规性、地域特色类劳动实践课程，从理论篇、家庭篇、职业篇、田园篇、文化篇、美育篇六个方面进行劳动教育清单设计。在规划劳动教育课程内容时，根据青少年学生的年龄特点及成长规律，将各学段垂直贯通、有机衔接，循序渐进，与学校、家庭和社会的劳动教育接轨，形成完整的劳动教育课程体系。

学校系统化劳动体系包括"一个核心""两个基本点""三个强化""四个一体化""五个融合"。

"一个核心"，即坚持以立德树人为核心。

"两个基本点"，指坚持以"培养全面发展的人"为基本原则，坚持以"问生所需"为基本出发点。

"三个强化"，指强化劳动意识，提升自身品德修养；强化劳动精神，培养责任担当意识；强化劳动能力，注重理论联系实践。

"四个一体化"，即劳动教育保障体系一体化、家校社一体化、各学段劳动教育目标内容要求一体化、教学与生活一体化。

"五个融合"，其一是融合学科教育，发挥劳动教育的综合育人价值，将劳动教育与学科课程、通识教育融合；其二是融合校园文化环境建设；其三是融合主题教育活动，将主题班会、征文、手抄报、线上竞答、研学等活动与劳动教育融合；其四是融合家庭教育指导；其五是融合其他"四育"，发挥劳动树德、增智、强体、育美的综合育人价值。

　　此书的出版，旨在全面展示全校劳动教育工作的实践成果，梳理总结教师们在劳动教育实践中的宝贵经验。劳动教育校本课程的开发，必将引导全校教师深入学习新的教育理念，不断优化和更新育人观念，为"双减"政策落地做出贡献。

目录 CONTENTS

理论篇：劳动见解

劳动教育渗透在小学数学教学中的应用……………………………… 2
"双减"背景下小学高段劳动教育策略初探…………………………… 4
核心素养下小学数学教学如何渗透劳动教育………………………… 7
劳动教育融入中小学音乐学科的探索研究…………………………… 10
新时代背景下小学劳动教育案例研究………………………………… 13
小学数学活动经验积累与劳动教育双向提升策略初探……………… 24
小学劳动教育实践探究策略刍议……………………………………… 26
有效开展小学劳动教育初探…………………………………………… 29
浅析初中劳动教育的有效落实路径…………………………………… 32
小学劳动教育的台前幕后……………………………………………… 34
植入数学文化，孕育劳动之花………………………………………… 38

家庭篇：我爱我家

中国茶文化初探
　　——小学劳动教育项目式学习活动案例…………………………… 44
制作母亲节贺卡
　　——小学劳动教育母亲节活动案例………………………………… 50

美味黄瓜我调制
　　——小学二年级劳动教育教案设计……………………………………… 54
亲身践行，美食丰盈
　　——"煎出喷香荷包蛋"教学案例…………………………………… 59
营养午餐我来做
　　——六年级家务劳动教育案例………………………………………… 66
欢欢喜喜迎新年……………………………………………………………… 74
美味蛋糕动手做，让劳动教育走进生活…………………………………… 81
舌尖上的莲美食
　　——"探寻莲的魅力"劳动教育活动案例…………………………… 86
"我的纸盘花"……………………………………………………………… 92
学会整理，终身受益
　　——"学习用品我整理"教学案例…………………………………… 97
芋泥冰皮月饼制作………………………………………………………… 103

职业篇：小体验师

探索我的学习风格
　　——小学六年级生涯教育教学案例………………………………… 110
职业零距离接触　树立职业理想………………………………………… 114
萌娃过元宵　巧手做汤圆
　　——记生涯教育活动之元宵节活动…………………………………… 119
班级文化标识设计与制作
　　——基于PBL理念的班级综合实践活动案例………………………… 121
班级小集市
　　——小学生涯教育活动之职业体验…………………………………… 129
我的学习我做主
　　——小学生涯教育活动案例…………………………………………… 132

田园篇：菜地秘密

菜地里的数学实践之楼顶种植案例分享 ················· 138
和玉米一起成长 ······························· 149

文化篇："非遗"面塑

指尖有绝技，"非遗"传少年
　　——面塑与节气的融合与传承课程案例 ············· 168
面塑蝴蝶卷：活力在线，活态再现
　　——"非遗"艺术创新教学案例 ················· 173
"跟着大师学面塑"劳动课程教学案例 ················· 178
面塑南瓜：回归生活，享受劳动
　　——"双减"背景下的劳动教学案例 ··············· 182
创意青团：清明时节赏佳味
　　——以传统节日为载体的劳动教学案例 ············· 186

美育篇：绘声绘色

小手塑乾坤
　　——校本课"最特别的脸"教学案例 ··············· 192
项目案例：PBL项目式学生小课题绘"影"会声之《和平校园》 ··········· 199
《快餐美食店》教学案例 ························· 216
劳"艺"结合品江山　主题实践育人才
　　——《千里江山图》教学案例 ·················· 221

理 论 篇 | 劳动见解

基于**融合信息技术**教学改革
「融+」特色课程

劳动教育渗透在小学数学教学中的应用

陈首红

在小学教学中，新课改提出各个学科的教学可以适当融入一些劳动教育的内容。作为一名小学数学教师，也应该按照这一要求开展教学工作，一方面要充分利用课本中的"显性"资源，另一方面也要挖掘其中"隐性"的劳动教育资源，不断对小学数学教材进行钻研，充分利用教材中丰富的劳动教育资源，以便更好地在实际教学中渗透劳动教育。这也是每名小学数学教师应该承担的教学责任。

一、渗透数学文化，深入理解劳动意义

劳动对人的发展有重要的价值，是人类的本质活动和生存方式，同时也是对社会进步的重要诠释。教师可以借助数学文化知识，帮助学生更加深入地理解劳动的意义。

例如，在学习《古人计数》时，主要是让学生对11~20的数字进行认识，改版以后的内容增加了《古人计数》的情境。教师让同学们摆一摆和数一数，利用学生自身的经验来鼓励学生读出这些数，并提问：这些数的由来是什么呢？然后由此引出《古人计数》。让他们模仿古代人用手指数羊，数到10以后手指就不够用了，然后让学生对新的计数单位的产生进行思考，从而认识十进制，渗透了一定的数学思想文化教育。通过对《古人计数》的学习，学生对数的产生和发展有一定的了解，从而理解了人类在劳动中创造文明，彰显了人类的智慧成果。

二、开展数学活动，提高社会适应能力

每个学生最终都是需要步入社会、适应社会的。只有在教学中渗透劳动教育，帮助学生提高社会实践能力，他们才能切实体会到劳动的辛苦和不

易，从而对劳动树立正确的认识。在小学数学教育中渗透劳动教育，能够让学生发现问题并及时解决，在劳动过程中积累丰富的经验，提高学生的动手实践能力和社会适应能力。

例如，在学习《整理房间》时，一方面让学生体会到分类在生活中的应用，获得活动经验；另一方面要求学生按照标准对物品进行分类并做好整理，从而初步感受寻找事物相同属性的过程。教师可以先让学生将笑笑和淘气的房间进行对比，让学生明白整理工作的重要性；然后，再对笑笑房间中的物品摆放进行观察，让学生获得整理房间的经验；最后，让学生亲自动手操作，借助实物图对自己的房间进行整理，在实践的过程中寻找分类整理的方法和技巧，从而更好地积累分类经验。

三、通过数学之美，体会到劳动的价值

劳动是一种美德，同时也是一个人内在的优良品质。数学教师可以在教学过程中，最大限度地结合数学文化的魅力与劳动教育开展教学活动，让学生在劳动的过程中收获一定成就，从而得到其他人和社会的肯定。学生在进行劳动实践的过程中就会有一种愉悦感，从而获得精神方面的满足，这正是学生通过劳动创造美的一种表现。

例如，在学习《欣赏与设计》时，要求学生能够通过对漂亮的图案展开分析，了解组成图案的基本图形，然后再让他们利用所学习到的图形设计出好看的图案，进而更好地发挥学生的空间想象力。教师可以通过让学生从实际生活出发，对地砖、窗帘、衣服等图案进行观察来引入这一节课的教学，从而使学生感受到数学知识和我们的生活不可分割，在他们形成了一定的空间观念感的同时，也让他们对旋转、平移及对称等数学知识有了一定了解。除此之外，学生在学习过程中，也感受到了数学之美，学会了欣赏美，从而更好地体会到劳动文明创造的美。

总而言之，教师在教学过程中应结合学生自身的学习特点和认知水平，对劳动教育的渗透进行精心设计，这样不仅能够激发学生对数学知识的学习兴趣，还可以通过对学生劳动教育的点滴渗透、潜移默化，达到对学生进行劳动教育和文化教育的双重教育的目的。除此之外，为了更好地在教学中渗透劳动教育，我们也应该重视渗透自觉性的提高及可行性的把握，切忌喧宾夺主。

"双减"背景下小学高段劳动教育策略初探

林柳东

《义务教育劳动课程标准（2022年版）》指出：小学高段（第三学段5~6年级）学生应"初步树立劳动最光荣、劳动最崇高、劳动最伟大、劳动最美丽的观念"，"初步掌握基本的家庭饮食烹饪技法"，"初步具有家庭责任感"，"初步养成持之以恒的劳动品质"，"初步形成社会责任感"，"初步形成劳动效率意识和劳动质量意识"，"初步形成爱岗敬业、乐于奉献的精神"，"初步形成不怕辛苦、积极探索、追求创新的精神"。八个"初步"对本阶段劳动教育提出了更高的要求。

正值价值观形成的重要阶段，在"双减"背景下，如何做好小学高段劳动教育，使学生真正受益，的确是一个值得我们认真思考的问题。

一、细化劳动清单，制定评价标准

紧扣小学高段劳动观念、劳动能力、劳动习惯和品质、劳动精神要求，围绕"整理与收纳""烹饪与营养""家用器具使用与维护""农业生产劳动""传统工艺制作""工业生产劳动""新技术体验与应用""现代服务业劳动""公益劳动与志愿服务"九大任务群，结合此阶段学生的身心发展水平，确定劳动教育具体目标，精心制定出劳动教育清单，并制定合理的评价标准。例如：整理卫生间、整理床铺、擦洗自行车、保养电冰箱、做凉拌黄瓜、炒土豆丝、煮开水、擦玻璃、使用吸尘器、使用电子支付购物、自助取款、种植树木等可作为五年级学生的劳动清单项目，整理鞋柜、换被套、整理郊游物品、养护绿植、清理厨房、洗刷鞋子、清洗洗衣机、煮排骨汤、清洁电扇、搭帐篷等可作为六年级学生的劳动清单项目。再根据劳动参与度、劳动技能熟练度进行打分，并纳入学生综合素质评价体系中，使劳动教育能落在小处，落到实处。

二、整合现有资源，优化课程设计

德智体美劳五者不是彼此割裂的，而是紧密结合的，"五育"的相互渗透，能够充实学科教学，使学生领悟劳动精神，养成良好的劳动习惯和品质。劳动交流和沟通能力，应该是学生在语文学科教育中习得的内容；而跨文化领域的劳动沟通和合作能力、公益事业和志愿服务意识及能力则能够在英语学科教育中习得；欣赏劳动与劳动者之美和在劳动实践中进行创意表达等能力可以在音乐、美术学科教育中习得……因而在开展学科教育前，可以适当整合现有资源，通过探寻和注入劳动教育相关要素，寓劳于育，使得学科教育与劳动教育充分融合，从而形成学科课程特色。此外，在专门开展劳动教育时，也需搭建校内劳动教育平台、构建劳动教育新模式。空中菜园、超轻黏土等系列课程和社团的开设，能促使学生在劳动教育课程中提高对劳动重要性的认识，锻炼学生的动手能力及创造性探索的能力，最终做出创造性的劳动成果。

三、推动学科融合，开发校本课程

学科之间也不是彼此割裂的，学科间的协同和渗透将是学校教育、课堂发展的大趋势。当前正是各地各级中小学推动学科融合、开发校本课程的探索阶段，将劳动教育和学科教学、社会实践、生涯教育课程等相结合，探索得出的校本课程，既能体现出地域特点和学校特色，也能真正践行劳动教育。学科间的融合和发展，让知识和生活更为贴近，让劳动教育能够真正落到实处，让学生的德智体美劳真正得到全面发展。如"非遗"项目进课堂结合了文化传承、国家需求、社会需求、生活需求及学校的需求，积极探索小学生劳动教育途径，充分发挥劳动的育人功能。

四、树立正确观念，促进全面发展

"双减"背景下，应通过劳动教育，引导学生树立正确的劳动观念，帮助提升学生的劳动能力，协助学生领悟崇高的劳动精神，使学生在劳动中得到经验，得出自己的感悟和感受，从而使学生在学习中更加贴近生活，更加贴近社会。在劳动教育中，教师不是主导者，而是引导者和支持者，应当退到与学生同一起跑线上，结成师生共同体，平等对话，共同交流，携手前进，密切合作。就学校、教师层面而言，应拒绝唯分数论，将劳动教育提升到与德育、智育、体育、美育同等的高度，从而体现出劳动教育在学习中的作用；就家庭层面而言，应不过分溺爱孩子，提倡让孩子主动、自觉参与家庭劳动，从而体现出劳动教育在生活中的作用；就上级部门层面而言，要重新梳理学生综合素质评价体系，注重制度的出台和相关内容的培训。实行这些措施旨在全方位引导学生树立正确的劳动教育观念，促进学生的全面发展。

五、开展评选活动，树立劳动榜样

定期开展各级各类劳动榜样的评选活动，树立典型，发挥榜样和带头作用。通过评选活动，让大家都看到在学校里勤劳、积极主动承担班级卫生工作的同学；让大家都看到在家里争做父母的小帮手，践行新时代劳动教育理念的同学；让大家都看到无论何时，都以自己的实际行动践行"劳动最光荣"的理念，为学校、班级、家庭营造良好的环境的同学。作为劳动榜样而激起的自尊、自信、自爱感，能反过来推动劳动教育顺利进行。这样做也能为学生提供展示宣传的平台，介绍在劳动中积累下来的丰富经验，促进劳动技能的增加、劳动效率的提高，营造一种崇尚劳动、尊重劳动的精神氛围，人人爱劳动、人人善劳动的实际氛围。

六、注重全员共育，用好身边资源

劳动教育要从校内延伸到家庭、辐射到社会，有效且高效的劳动教育离不开家庭、学校、社会的紧密合作。程豪、李家成的《家校社协同推进劳动教育：交叠影响域的立场》中提到，家校社分离难以承担起劳动教育的全时空育人要求。由于社会分工不同，家庭劳动教育注重生活化，学校劳动教育注重专业化，社会劳动教育注重职业化，但三者理应有所交叠——需要家校社协同推进，需要配备系统性的劳动教育课程、专业化的劳动教育师资队伍、丰富化的劳动教育实践等作为保障。

"双减"背景下，对小学高段劳动教育策略的探索不是一蹴而就的事情，在这漫长的过程中，我们应当为"双减"赋能，有针对性地开展劳动教育，担当起劳动教育的时代使命，为培养德智体美劳全面发展的社会主义建设者和接班人而付诸努力和行动！

核心素养下小学数学教学如何渗透劳动教育

何 艳

《义务教育数学课程标准（2022年版）》指出："综合与实践领域的教学活动，以解决实际问题为重点，以跨学科主题学习为主，以真实问题为载体，适当采取主题活动或项目学习的方式呈现，通过综合运用数学和其他学科的知识与方法解决真实问题，着力培养学生的创新意识、实践能力、社会担当等综合品质。"劳动教育与数学教学的有机结合能让学生体会到生活中处处有数学，数学知识运用到生活中才能彰显数学的价值和作用。作为一线小学数学教师，笔者结合自身教学感悟，从以下几个方面就在数学教学中应如何渗透劳动教育谈谈自己的看法。

一、更新教学理念，树立数学教学中渗透劳动教育的意识

任何背景下的教学革新，首先需要改变的是执教者的教育理念。教师作为教育的重要执行者，如果观念一成不变，始终以掌握单一的学科知识应对考试为目的，必然不符合新时代培养学生全面发展的要求。核心素养提出要培养学生的实践创新精神，其中就包括学生的劳动意识。而数学是每个学生求学生涯中不得不学的一门基础学科，数学学科知识抽象枯燥，学生在内化知识的过程中时常面临一定的困难。如果广大一线数学教师能及时更新教学观念，从学生熟知的各种劳动背景入手，利用数学学科与劳动之间的融合点进行教学，做即是学，将劳动教育渗透到学科教学之中，既可以提升数学教学的有效性，又可以让学生体会到劳动的价值，培养学生热爱劳动、崇尚劳动的精神，促进学生全面发展。

二、钻研教材文本，挖掘数学教材中的劳动教育素材

时代的发展离不开数学，数学知识的产生离不开劳动，它是在人类劳动

过程中诞生的。要将劳动教育渗透在数学教学过程中，就需要我们从教材中挖掘劳动教育的"显性"资源以及"隐形"资源，实现数学教学与劳动教育的有机融合。我们使用的北师大版本小学数学教材就是以劳动情境创设教学内容的。

例如：一年级的《整理房间》《小小养殖场》《回收废品》，二年级的《小小商店》《做家务》《班级旧物市场》，三年级的《节余多少钱》《植树》《校园中的测量》《搭配中的学问》，四年级的《买菜》《密铺》《优化》《栽蒜苗》，五年级的《精打细算》《调查"生活垃圾"》《包装的学问》，六年级的《比例的应用》《欣赏与设计》《绘制校园平面图》，等等。这些内容构建了符合数学课堂的劳动情境，让学生在丰富的数学学习活动中逐步感知劳动的价值。

三、组织教学活动，通过数学课堂教学渗透劳动思想

课堂永远都是教育教学的主阵地。作为一名教师，首先要把握好自己的课堂，有效落实以育人为目的的教学目标，在实现学科教学的同时渗透劳动教育。在数学课堂教学过程中，将教学内容与相关的劳动背景知识以及数学在生活劳动中的应用价值有机融合，创设以学生为课堂主体、符合学生认知特征的教育教学活动，使学生有很强的代入感，使枯燥的基础数学知识富有趣味，让课堂活跃起来。

例如，教授《烧水问题》这一课题，主要是分析时间的统筹问题——怎样节约时间。教师可以设计以下几个教学活动展开教学：（1）讲述家庭生活中的一些常见事情，分享你经常在家里帮助爸爸妈妈做家务的经历，说一说大家对哪一种劳动感兴趣。（2）组织学生以学习小组为单位，在小组长的带领下预习课本内容，初步了解本单元的知识点，小组成员间交流上面的问题。（3）小组讨论如何安排家务可以更节约时间。小组成员代表分享小组讨论成果。通过这样的形式，能够充分凸显以学生为本的课堂教学观点，使得学生在自己所熟悉的生活场景中，分享他们的劳动体验，培养学生的劳动意识，感知到很多数学知识是可以处理和解决生活中的实际问题的。如此一来，学生不仅能够深刻地感受到数学知识的实际运用，以及在生活实践中的作用和价值，而且也会激发学生学习和掌握数学的积极性。

四、开展实践活动，利用实践落实数学知识提升劳动技能

苏霍姆林斯基曾提出："教育的关键在于与生产劳动相结合，缺乏劳动的教育是不全面的，教育本身就是一种崇高的劳动，所以教育与劳动不可分割。"数学是一门实践性很强的学科，同时又是一门实操性很强的学科。因此教师在课堂上可以充分挖掘所教科目的优势，借助课堂中的实践活动来帮助学生更好地掌握和运用数学知识，同时也可以培养和提高学生对数据的运用能力，激发和培养学生的自主创新思维，帮助学生形成爱思考、爱探究的数学素养。

例如，课堂教学《班级旧物市场》这一课时，可以让学生去组织一些关于班级旧物市场的义卖活动。让学生整理出自己的玩具、课外书本、自己的手工制品等物件，然后在跳蚤市场进行售卖。学生整理物品或者制作手工制品的过程就是最基本的劳动体验，可以在劳作的过程中体验劳动的乐趣，提升劳动的技能。同时，学生在真实的售卖场景中，经历物物交换、物品售卖、购买的过程，不但能再一次感受到劳动的意义、体验生活，还能在计算价钱的过程中实际运用数学的相关运算知识。学生通过这样身临其境的劳动全过程，能够大大提升和培养处理实际问题的能力，培养社会适应能力。

五、总结

总之，小学阶段是一个培养和引导学生积极地尊重劳动、热爱劳动、崇尚劳动的关键阶段，是学生形成正确的人生观、价值观的重要阶段。我们作为一名教育实践工作者，应该结合自己任教学科的特点、学生的年龄特点和生活背景等多种因素，将劳动教育有机地融入学科课程中，以培养和提高学生的劳动意识，培养一批适应时代需要而又能够全面进步和发展的人才，真正实现育人的目的。劳动和教育本身是不可分割的有机体，而我们作为一名小学数学教师更应该在数学教学中渗透劳动教育，完成时代赋予的教育使命。

劳动教育融入中小学音乐学科的探索研究

杨雅琴

伴随着我国社会的飞速发展，为了培养社会需要的人才，教育也需要进行相应的改革，不再一味重视学习成绩，强调唯分数论，而是同步重视素质教育，培养德智体美劳全面发展的社会主义建设者和接班人。广大师生应以劳树德、以劳增智、以劳强体、以劳育美、以劳创新。因此，劳动教育在中小学教育中的地位变得愈发重要，而中小学的音乐课程，是素质教育的重要组成部分，它和劳动教育的融合是一个非常值得探究的课题。

一、劳动教育统融入中小学音乐学科的必要性

（一）培养品德教育，促进学生个性全面发展

苏霍姆林斯基曾经说过一句名言："儿童的智慧在他的手指尖上。"换而言之，通过双手劳动，能促进孩子们自身的发育和体力的增强，还能培养学生热爱劳动、遵守劳动纪律、爱护劳动成果、勤劳俭朴等思想品德，提高学生发现美和创造美的能力。将劳动教育融入中小学音乐学科，在歌唱中，在舞蹈里，在旋律节奏上，孩子们从小就可以在音乐课上得到劳动教育的熏陶。例如，学习一些赞美劳动的音乐，使他们热爱劳动教育，进而产生"劳动光荣"的思想。

劳动是人在社会中的生存立足之本。因此，在中小学生的音乐教育中，应当强调劳动教育，这与将劳动教育融入中小学音乐学科是密不可分的。劳动为音乐学科提供了相当多的音乐素材、音乐歌曲，如《劳动最光荣》《悯农》《在希望的田野上》《采蘑菇的小姑娘》等，无不在歌颂劳动的光荣美丽，提醒孩子们尊重大家的劳动成果。可以让学生在音乐里获取劳动的动力，学习优秀劳动者身上的优秀道德品质，进一步提升自身的道德修养。

（二）将劳动教育融入中小学音乐学科是大势所趋

中共中央、国务院在2020年3月20日印发的《关于全面加强新时代大中小学劳动教育的意见》，阐述了为构建德智体美劳全面培养的教育体系，必须充分认识新时代培养社会主义建设者和接班人对加强劳动教育的新要求。将劳动教育融入中小学音乐学科，让学生认识到劳动教育是国民教育体系的重要内容，是学生成长的必要途径，具有树德、增智、强体、育美的综合育人价值。

二、劳动教育与中小学音乐学科的内在联系

（一）音乐歌曲源于劳动

我国最早的文学作品是原始人类在劳动等活动中创作的口头歌谣，即节奏韵律都极简单的原始诗歌。也就是说，诗歌是原始人组织劳动、鼓舞劳动的一种手段，而原始人的乐舞则是模仿劳动的音响、劳动的动作，重演劳动过程的一种表现形式。其目的或许是训练劳动技巧、总结劳动经验，激发部落成员热爱和参与劳动的激情。譬如载于《吴越春秋》的《弹歌》，仅用"断竹，续竹；飞土，逐宍"八个字，就唱出了从制作工具到进行狩猎的全过程。从艺术表现的角度看，此歌虽极其简短，容量却很大，每句以一个动词带出，使画面富有动感，对狩猎的艺术表现可谓非常成功。

（二）劳动教育与中小学音乐教育的目的相似

音乐教育的核心素养主要是审美教育，旨在培养学生发现美、感受美、创造美的能力，丰富多彩的音乐互动能够让学生体会到集体活动的重要性、团队合作的必要性。而劳动教育，要让学生感受到劳动是一种光荣美丽的行为，同时培养其合作的精神，增强团体凝聚力。这都与中小学音乐教育的教学目标不谋而合。二者都强调在审美的同时，也要讲究合作。所以，教师在进行中小学音乐教育时，可以恰当选择有关劳动的音乐，促进劳动与音乐的有机融合。

三、推进劳动教育融入中小学音乐学科的对策

（一）改变教师对劳动的认识，提高教师融合教学素养

鉴于小学生的年纪整体较小，身心发展还不完全，学习方式主要依靠模仿，而教师日常的言行举止，都会潜移默化地影响着学生。因此，教师应当养成良好的劳动习惯，有较高的劳动融合教学素养，这不但对教师的劳动与

音乐融合授课水平有较高要求，也要求教师进一步地加强对劳动音乐文化的了解。

例如，在教授初中音乐《生产大合唱》一课时，教师可以告诉学生：民歌里包括"劳动号子""山歌""小调"。平时的课堂上，还可以和学生探讨：最早见于《史记·伯夷列传》的《采薇歌》，其实是一首坦露心迹、毫不矫饰的抒情歌，歌中"登彼西山兮，采其薇矣"，直接描写了主人公登上首阳山的高处采薇充饥的劳动。甚至连哀乐也可能起源于劳动。唐封演《封氏闻见录》卷六引用西晋谱学家挚虞《新礼仪》说：挽歌出现在汉武帝时期，那时出劳役的人非常辛苦，劳作时的歌声哀切，后来就用来送终。这也说明，商周以后，人们已会运用歌声表达各种"心声"了，即人类已开始借助歌声阐述观点与立场。教师通过音乐知识的传授，可以让学生明白劳动与音乐的渊源。

（二）采用多种方式教学

如果教师上课只采用一种方式进行教学，久而久之，学生可能产生审美疲劳，进而降低音乐课程质量，更不用说将劳动教育渗透到中小学音乐课教育中了。因此，这就需要教师对音乐学科的教育教学进行适当的改革创新。例如，在进行相应的音乐教育时，根据核心的教育内容，让学生在课堂上进行角色扮演。例如，学习《在希望的田野上》这首歌曲时，可以根据歌词，适当添加相关的劳动律动的舞蹈动作，这样不但调动了学生的积极性，也将劳动教育与中小学音乐教育相融合，提升了音乐课程的质量。

综上所述，将劳动教育融入中小学音乐学科的教学方式，不但能让学生增强文化自信，树立正向的世界观、人生观、价值观，还可以丰富中小学音乐学科教育的教学方式，使学生更加形象具体地学习劳动知识。因此，教师应当改变传统的教学理念，适应时代发展的脚步；学校也应当积极开展与中小学音乐学科相关的劳动教育，培养学生成为具有优秀道德品质、动手创新能力的人才。

新时代背景下小学劳动教育案例研究

李 晗

劳动是人最基本的生存方式。它不仅是公民立足社会生存生活的必备条件，也是促进社会经济发展、建设中国特色社会主义现代化强国之路的有力保障。新时代背景下学校劳动教育又该如何开展呢？笔者就小学劳动教育的开展进行了主题活动设计与案例研究。

一、缘起：时代发展的必然，学生成长的需求

（一）时代发展：加强劳动教育的必然性

2020年3月20日，中共中央、国务院印发的《关于全面加强新时代大中小学劳动教育的意见》指出，"劳动教育是中国特色社会主义教育制度的重要内容，直接决定社会主义建设者和接班人的劳动精神面貌、劳动价值取向和劳动技能水平"，"劳动教育是国民教育体系的重要内容，是学生成长的必要途径，具有树德、增智、强体、育美的综合育人价值"。由此可见，新时代的劳动教育必须坚持中国特色社会主义发展道路，贯彻落实立德树人根本任务、促进学生德智体美劳全面发展。因而在学校、家庭的日常教学教育活动中融入劳动教育，引导学生尊重劳动、崇尚劳动，懂得劳动最光荣、劳动最崇高、劳动最伟大、劳动最美丽的道理，是新时代人才培养、实现中华民族伟大复兴中国梦的必然需求。

（二）社会背景：开展劳动教育的必要性

一直以来，在"应试教育"主导下，"唯分数论""唯文凭论"等智育为先的思想仍是学校评价、家庭视角、社会选择的主流导向。在此环境下，所谓的"五育并举"无法真正得以实现。近年来，"德育""体育""美育"逐渐得到重视，由国家教育行政部门分别建立并完善了规范的教育体系与评价方式，各地方学校根据实际予以补充调整，思政、心理健康、音体美

等课程体系的设计与开发已渐渐完备，但劳动教育体系仍存在空缺。

以学校为例，现如今各学校的卫生保洁工作大都外包给了物业公司，再无21世纪初期学校公共区域卫生、班级承包责任制的分配与实施了，有时竟连班级教室内的卫生也需要家委前来帮忙清理。学校的劳动教育极度缺失，部分学生只会扫地、擦黑板，失去劳动锻炼的机会与可能。

再看家庭生活，爷爷奶奶的宠溺、爸爸妈妈的呵护，加之现代社会经济迅速发展、科技不断进步所带来的便利，如外卖行业的兴起，洗衣机、扫地机器人等智能家具的成熟，学生在家过上了衣来伸手、饭来张口的"快活"生活，劳动教育正在被淡化、弱化，学生理应具备的基本技能正在慢慢丧失。

在劳动教育沙漠化、边缘化的背景下，重视并重塑劳动教育、唤醒学生的劳动热忱、复兴劳动文化势在必行。

（三）学生成长：进行劳动教育的紧迫性

随着时代发展、生活水平的提高，城市里的学生与农耕、田园生活的链接逐渐断开。四体不勤、五谷不分已是常态，衣食住行中的铺张浪费也随处可见，在校学生将脏衣服、脏袜子积攒起来邮寄回家清洗也成了见怪不怪的新闻了。"谁知盘中餐，粒粒皆辛苦"只是学生嘴里一句空喊的口号，"一粥一饭当思来之不易，半丝半缕恒念物力维艰"更成为奢望。这种不珍惜劳动成果、不想劳动、不会劳动的现象为当前教育敲响了警钟，因此培养学生的劳动意识、提升学生的劳动素养、提高学生的劳动能力，使其养成良好的劳动习惯、形成正确的劳动价值观迫在眉睫。

二、方向：发掘劳动内涵，培养劳动能力

结合学生发展的身心特点，让学生立足生活，在系列主题式劳动实践中去体会劳动价值、继承优良传统、进行创意制作，此次活动确定以下几个目标。

① 通过开展不同形式的主题项目活动，引导学生学会正确使用劳动工具，掌握整理内务、烹饪、种植等基本劳动技能，体会劳动带来的快乐和价值。

② 在参与活动的过程中引导学生发现问题、解决问题，提高学生的生活自理能力、观察分析能力、团结合作能力、思维创新能力，并能够将劳动所得以多种形式记录下来。

③ 引导学生形成正确的劳动观念、养成良好的劳动习惯，在劳动实践中磨炼劳动意志与品质，促进学生形成正确的劳动价值观。

三、生长：依托学情特点，布置开展活动

基于新时代背景，在设计主题时我们围绕劳动教育实践方向，从日常生活劳动、生产劳动、服务性劳动中积极挖掘真实性劳动项目，结合三、四年级学生学情选择开放的、趣味的、具有挑战性的内容进行主题设计，具体安排以下内容。

（一）我是菜园小农夫

"种植有良法，曾闻老圃辞。灵苗如已茂，恶草自然萎。根本须培养，生枯勿顾思。修身亦如此，于理足堪推。"古人将种植的过程类比修身，可见种植过程的意义和内核值得品味。而植物的播种、发芽、开花、结果，这些书本中的生长奇迹，如今处在高楼林立的城市里的学生是否能亲眼见证、亲手实现？由此我们和学生一起策划组织了"我是菜园小农夫"主题活动，旨在了解瓜果蔬菜的种植步骤、养育过程以及相关的农业知识，在劳动实践中见证生命的成长。学生可以选择一种自己喜欢的蔬果，利用学校的劳动园地或者家里的旧石槽、旧花盆等容器培育自己的小菜园、小果园，亲身体验"采菊东篱下，悠然见南山"的田园生活。

（二）我是厨房小能手

一箪食一瓢饮，人生淡然流转。自古以来中国民间有着"民以食为天"的说法，上至帝王将相、下至布衣平民，中国人在饮食上从不含糊，饮食在人们心目中的地位可见一斑。"日出又日落，深处再深处，一张小方桌，有一荤一素。一个身影从容地忙忙碌碌，一双手让这时光有了温度。"作为少年儿童的学生能否学习为辛苦工作的父母做一顿饭，体会劳动给自己和家人带来的幸福与快乐？本次"我是厨房小能手"活动，我们于课堂上或教室外引领指导学生挑选食材、购买食材、清洗食材、制作食材直到摆盘上桌，期待学生为家人呈献一次美食盛宴。

（三）我是家务小助手

"一屋不扫何以扫天下？"研究表明：幸福感强的成功人士，往往居家环境十分干净整洁；而不幸的人们，通常生活在凌乱肮脏中。那么，引导学生积极清理家庭环境，也成了此次活动的子课题。我们和学生一起协商讨论，制定出适合现年龄段学生开展的活动内容，如扫地拖地、清洗锅碗茶具、洗衣服叠衣服、收拾房间、拆换床褥等。通过这些实践活动，希望学生能积极参与家务劳动、共同构建和谐家庭，并且能掌握基本的劳动常识与劳

动技巧，磨炼意志、锻炼品行、担当责任，真正成为家庭的主人。

（四）我是养蚕小精灵

"野蚕食青桑，吐丝亦成茧。无功及生人，何异偷饱暖。我愿均尔丝，化为寒者衣。"蚕的一生尽管短暂，但是它却把自己最宝贵的年华凝聚在白白的丝线上。蚕的精神，曾获得多少仁人志士的赞美，获得多少文人骚客为此讴歌吟诵。结合语文课程内容"观察日记"与科学课程内容"蚕的一生"，我们举办了"我是养蚕小精灵"系列观察记录活动。从蚕的诞生、卵的孵化，到蜕皮长大、吐丝结茧、化茧成蝶直至生命终结，学生需要做的就是为它们搭窝建屋、切洗桑叶、及时喂食，并且认真观察它们的成长变化，理解蚕的蜕变过程，感悟生命的神奇与可贵。

四、策划：组织任务分工，制定合理规划

作为长期进行、阶段性组织的系列劳动教育活动，每阶段的劳动主题任务开展之初教师一定要进行策略上的指导，如每项劳动实践任务的重点在何处、可以采用哪种研究方法、成果如何展示等。每项活动进行前先组织各小组自由撰写活动计划表格，教师适时点拨和指导，在小组汇报过程中相互讨论、互相补充，共同交流可能存在的问题与解决方案，使活动计划更完善更合理。

"我是菜园小农夫"活动计划表

我是菜园小农夫				
研究主题	植物的生长过程		时间	3~6个月
活动任务				
活动过程	1.前期准备工作： （1）查找资料：查找、收集种植果蔬的相关资料，查找种植所需物品器具，查找适合当季种植的果蔬种类资料； （2）购买物品：购买适用的劳动工具与当季种子； （3）准备好播种场地或器具			
^^	2.前期活动：开垦荒地，挖坑播种			
^^	3.中期活动：浇水施肥，松土除虫			
^^	4.后期活动：收获果实，回顾反思			
^^	5.注意活动过程中及时记录（图文），最后整理各项资料，准备成果展示			
探究方法	①查找资料 ②实地考察 ③拍摄记录 ④观察日记 ⑤动手实践 ⑥图文创作：撰写观察记录手册、手抄报、倡议书等			

续表

我是菜园小农夫			
研究主题	植物的生长过程	时间	3~6个月
成果展示	阶段性实物展示、张贴活动照片及制作手抄报展板、撰写观察记录手册		

"我是厨房小能手"活动计划表

我是厨房小能手			
研究主题	烹饪制作	时间	2个月
活动过程	活动任务		
^	1. 挑选、购买食材		
^	2. 清洗、切剁食材		
^	3. 烹饪、制作食材		
^	4. 摆盘、呈现菜肴，回顾反思		
^	5. 注意活动过程中及时记录（图文），最后整理各项资料，准备成果展示		
探究方法	①查找资料 ②采访调查 ③拍摄记录 ④观察日记 ⑤动手实践 ⑥图文创作：撰写活动报告、手抄报、倡议书等		
成果展示	张贴活动照片及制作手抄报展板、撰写活动日记及家长评价报告		

"我是家务小助手"活动计划表

我是家务小助手			
研究主题	整理个人及家庭内务	时间	2个月
活动过程	活动任务		
^	1. 扫地拖地：按照一定顺序将地面清洁干净，尽量做到无纸屑、无污渍、无死角，在清洁完成后将劳动工具摆放整齐		
^	2. 清洗器具：将碗筷、茶具杯具、果盆菜盆等器具清洗干净，尽量做到无油渍、无残余，及时晾干后摆放整齐		
^	3. 收拾房间：整理书桌书柜，课本及书本按一定种类摆放整齐；整理床铺，叠好被子；收纳衣物，清理衣柜		
^	4. 拆换床褥：在家人的协助下拆卸床单被单、套好床单被单		
^	5. 洗衣服叠衣服：清洗自己的单衣、内裤、袜子并及时晾晒；收好衣物后自己折叠整齐，放入衣柜		
^	6. 注意活动过程中及时记录（图文），最后整理各项资料，准备成果展示		
探究方法	①采访调查 ②拍摄记录 ③观察日记 ④动手实践 ⑤图文创作：撰写日记作文、活动报告、手抄报、倡议书等		

续表

我是家务小助手			
研究主题	整理个人及家庭内务	时间	2个月
成果展示	张贴活动照片及制作手抄报展板、撰写活动日记及家长评价报告		

"我是养蚕小精灵"活动计划表

我是养蚕小精灵			
研究主题	蚕的一生	时间	2个月
活动任务			
活动过程	1. 学习有关养蚕的知识,准备蚕卵并找到合适的器皿为蚕宝宝搭窝建屋 2. 采摘或购买桑叶,切洗好桑叶,为蚕宝宝制作美餐 3. 定时喂食,观察蚕的变化 4. 及时记录蚕生长的过程,尤其注意观察记载蚕宝宝孵化、蜕皮、结茧、化蝶等几个时间节点 5. 注意活动过程中及时记录(图文),最后整理各项资料,准备成果展示		
探究方法	①采访调查 ②查找资料 ③拍摄记录 ④观察日记 ⑤动手实践 ⑥图文创作:撰写观察记录手册、手抄报、倡议书等		
成果展示	阶段性实物展示、张贴活动照片及制作手抄报展板、撰写观察记录手册		

五、实操:开展劳动实践,发现、解决问题

每项任务在进行完开题及策划活动后即可围绕劳动主题、依据活动计划,以小组或个人的形式利用课余时间开展相关实践活动。

对于学生来说,此类劳动实践活动与书本里学到的抽象知识相对脱节,是具有一定陌生性的。随着活动的不断展开,学生面临的问题和挑战也在不断产生、增多。因此,在实操阶段,教师除了面对全体上好方法指导课,更要根据学生在活动过程中生成的问题进行一对一的帮助。有时需要收集与整合理论知识,有时也需要融合跨学科知识与各科教师的指导。

(一)我是菜园小农夫

除了让学生回家后在阳台利用旧石槽、旧花盆等容器培育自己的一方菜园之外,有没有其他方法让学生在学校开展集体劳作活动呢?我们在校园植物园等地方搜寻无果后,将视野从"地面"转向"天空"——借用学校教学楼顶楼的空间开垦荒地、开拓菜园,这样一来,不仅提高了学生的参与度、确保教师能进行有效指导,还形成了一道独特的"空中菜园"风景线。

在种养的过程中，学生撸起袖子、走向田间，辛勤劳作、巧用智慧，积极参与菜园劳作，在与果蔬植被建立起亲密联系的同时，学会了运用不同学科的所学知识解决问题。例如，顶楼的荒地形状不规则，同学们运用数学知识测量土地面积，根据测量的数据进行土地均分，编写相关的数学题；在种植过程中，同学们遇到什么季节该种什么种子、菜种为什么不肯发芽、干旱鸟害虫害等问题时，及时寻求科学老师的指导与帮助；结合语文四年级所学观察日记，让同学们在植物生长的关键时期认真观察记录，不拘形式地写下见闻、想象和感受；擅长绘图的同学也可以利用美术课的绘画技巧形象地记录下果蔬成长的色彩、形状或状态变化，直观地反映生长过程；喜欢唱歌的同学们在舒缓劳累身心的时候一起对着幼苗唱"太阳当空照，花儿对我笑"……

在"我是菜园小农夫"种植活动如火如荼的同时，班级内也相继举行了手抄报比赛、小农夫经验分享会、优秀日记展示、优秀植物成长手册评选、小农夫果蔬分享会等一系列比赛与活动。这一系列实践活动不仅联通了各学科，还让学生体会到农耕生活的辛劳与快乐，初步培养了学生的劳动意识和劳动能力，同时增强了他们的团队协作能力，推动学生各项能力全面发展。

（二）我是厨房小能手

由于学校的场地和设备有限，此次活动主要是家庭实践性作业，让学生回家完成，各位小吃货在此次活动中可谓大显身手。他们积极踏进超市、农贸市场等各种场所，寻找适合当下季节的食谱与材料。在菜市场里，他们了解不同蔬菜瓜果的种类与价格；在厨房里，他们从最简单的做起，先自行清洗食材，在长辈们的指导下学习切菜，在爸爸妈妈的帮助下探寻炒菜烹饪的基本方法，用心制作每道菜肴。有的学会了自己最爱的、中华食谱里最为人津津乐道的传统佳肴——西红柿炒鸡蛋；有的想要在爸爸妈妈出差的日子自行解决伙食，合理运用家里的食材制作出了简单又好吃的蛋炒饭；有的敢于挑战自我，学会了炸鸡翅、客家酿豆腐甚至剁椒鱼头这种高难度的菜品……菜肴制作完成后，同学们还不忘美美摆盘，把美味可口、精致美观的一道道大菜端上餐桌，供家人享用。

当然活动中也出现了不少问题。例如：有的孩子个子太小，无法够到炉灶的锅把和锅铲；有的孩子力气很小，炒锅太重、拿不起来；爸爸妈妈不放心独立做菜，因此不允许进厨房用灶炉……针对这些，教师及时给予指导：个子太小的同学可以试试垫个矮凳子，力气较小的同学可以寻求家人的协助，不敢用刀用油的话可以从简单的水果拼盘或凉菜做起……

在此次实践活动中，大部分的学生学会了去触碰这个鲜活的世界。他们走进集市，关心粮食和蔬菜；他们走进厨房，拿起菜刀与锅铲；他们完成菜肴，收获快乐与自豪。不仅能正确使用劳动工具、掌握基本的劳动技能，还体会到了劳动带来的快乐和价值。

（三）我是家务小助手

在"我是家务小助手"的系列活动中，学生主动帮助父母承担力所能及的家务劳动，分担家长们的压力和负担，用实际行动证实自己是爸爸妈妈的贴身小棉袄。在"家务照相机"的活动中，学生通过拍照、日记或绘画的形式，记录父母做家务劳动的场景；在"小鬼当家"活动中，学生通过角色扮演来体验父母的一天，自主设计周末居家劳务活动，围绕扫地拖地、清洗器具、收拾房间、拆换床褥、洗衣服叠衣服等内容进行家庭劳动；在"争夺劳动章"的活动中，学生在课堂上进行缝衣服、收拾书包、"废物利用show"的比赛，激发了参与活动的乐趣与信心……

学生在做家务

通过家务系列的项目式学习，学生不仅会感恩父母的勤劳付出，同时也可以做到爱家护家、掌握生活的基本技能，还能培养良好的劳动观念与劳动品质。在拿起拖把一遍又一遍擦拭地板的瞬间，在踩着板凳努力拆卸窗帘的时刻，在厨房里奋力擦洗灶台的时候，同学们的劳动意识和家庭责任感正在悄悄被唤醒。

（四）我是养蚕小精灵

"晓夕采桑多苦辛，好花时节不闲身。"为了培养学生的动手操作能力、观察能力与责任感，让学生更好地感知生命的神奇，结合三年级科学课程《动物的一生》，同学们开展了生命教育实践活动——养蚕。这一历时两个月的养蚕活动为学生搭建了一个动手实践、体验蚕农职业的平台，他们悉心照料蚕宝宝的饮食起居，仔细观察、认真记录蚕宝宝成长的每个细节。从蚕卵到孵化、蜕皮、结茧、蛹化、成蛾，同学们通过对蚕的喂养、观察与记录，认识到了蚕在不同时期的形态结构及生命活动现象。

养蚕的过程也是学科融合的过程。在介绍蚕桑文化的同时，教师可结合历史学科"丝绸之路"的知识点弘扬中华传统文化；养蚕中的喂食过程可以运用到数学知识，如计算十只蚕宝宝需要多大的蚕屋、需要喂食多少桑叶，多少桑树的栽种可以满足自家的养蚕计划等；养蚕的观察记录需要与语文知识结合，写好观察记录与养殖日记；在成果展示的阶段则可以和美术学科充分融合……

养蚕手抄报

养蚕的过程不仅能增加学生的劳动体验与劳动收获，还可以让学生了解生命的多彩与珍贵，培养他们热爱自然、热爱生命的意识和社会责任感。

六、评价：注重真实获得，升华劳动教育

科学有效的评价可以了解学生劳动教育的实施成效，是提高劳动教育育人效果的有效途径之一。因而在开展劳动教育过程中需强调对学生进行评价的重要性，可以实行学生自评、同伴互评和教师评价相结合的多元化评价。制作的评价表应涉及学生的劳动表现、劳动活动参与度、劳动完成情况等，还可以通过组织阶段性劳动成果展示、劳动竞赛等活动，激发学生的积极性，营造人人参与劳动、人人会劳动的氛围。

以"我是菜园小农夫"为例，我们设计了《"菜园小农夫"评价表》及《"菜园小农夫"自我评价表》，展开互评与自评活动。评价涵盖对蔬菜种类、种植常识、制作过程的认识与回顾，同时也对团队协作能力、动手实践能力、信息整合能力、表达交流能力进行评价。

"菜园小农夫"评价表

班级：　　　　种植人：

	评价要点	自评	互评	师评
空中菜园	1. 乐于参与空中菜园的各项活动			
	2. 了解常见蔬菜水果，能说出它们的名称			
	3. 能正确安全地使用劳动工具			
	4. 能运用不同学科的知识解决问题			
	5. 能掌握播种的方法，并关注果蔬生长的情况			
	6. 能及时为果蔬浇水			
	7. 能及时为果蔬施肥			
	8. 学会移植果蔬，并关注它的生长情况			
	9. 能及时为果蔬松土、除虫、除草等，管理好自己的种植基地			
	10. 会正确采摘自己的果蔬			
	11. 可以将果实制作成菜肴，并和他人分享			
	12. 在劳动过程中能和他人交流自己的发现；能向大家介绍自己劳动的经验，分享劳动的快乐			

填表说明：如每个评价要点都能独立完成则用"☆☆☆☆☆"表示，在教师、家长或同伴的帮助下完成的则用"☆☆☆"表示，不能完成的则用"△"表示。

"菜园小农夫"自我评价表

班级：　　　　姓名：

问题	总是	很少	从不
你是否主动积极参与种植劳动？			
你是否能通过不同渠道获取资料和讯息？			
你是否清楚、明确自己每个阶段的种植劳动任务？			
你是否按照要求认真完成了每个阶段的种植劳动任务？			
对于在劳动实践中遇到的问题，你是否能找到解决方法？			
在劳动实践中你是否听取了组员、家长或教师的意见？			
对于劳动成果你是否满意？			
在自己的任务或集体活动中你学习到了哪些劳动知识？			
在自己的任务或集体活动中你学习到了哪些劳动品质和精神？			
在实践活动中你的哪些能力得到了提高？哪些方面的能力仍需要加强？			

除了劳动成果的展示、评价表的考量，在活动过程中教师或家长也需及时给予恰当的关注与鼓励，适时为孩子一点一滴的进步与付出点赞。当然，在课堂中还可以结合学生在劳动竞赛中或各学科融合教学中的表现，定期评选出劳动模范学生，在每阶段或每月予以表彰颁奖，以此激发学生参加活动的积极性和主动性，赋予劳动教育源源不断的动能。

七、结语

中共中央、国务院《关于全面加强新时代大中小学劳动教育的意见》指出："学校要发挥在劳动教育中的主导作用……科学设计课内外劳动项目，采取灵活多样形式，激发学生劳动的内在需求和动力。统筹安排课内外时间，可采用集中与分散相结合的方式。"在新时代背景下，根据学生学情特点，有针对性、别出心裁地设计适合学生全面发展的劳动项目，不仅能培养学生整合信息、表达交流、团队协作、观察分析、创意制作等能力，更能在劳动过程中培养学生的动手实践能力、生活自理能力，引导他们正确使用劳动工具、掌握基本的劳动技能，在劳作、种植、绘画、计算、手工、烹饪等多种形式的学科融合里真正体会到劳动的意义和价值。

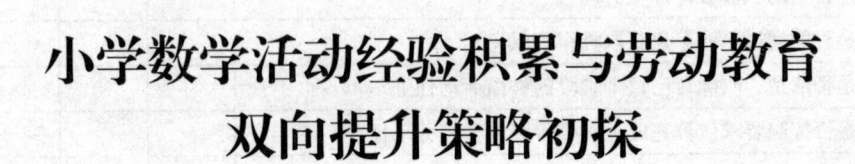

小学数学活动经验积累与劳动教育双向提升策略初探

林韶萍

在小学阶段的数学学习中，基本活动经验是学生学习的主体，也是学生亲身参与活动获得的学习经验。在小学的教学活动中，一般经验的累积都属于过程性的认知，其主要目的是让小学生参加具体的活动，并从中形成感性的认识和体验。由于生活背景与阅历不同，每个学生的认知和体会都大不相同，从而形成个体化、差异化活动经验的积累，这种活动经验的积累的个体性特征是和学生的日常劳动生活息息相关的。

数学来源于生活，基本上每个知识点都是劳动人民在长期的生产劳动中发现、思索并反复锤炼的智慧结晶。所以，每堂课的基本活动经验主要镶嵌在具体的劳动生活情境背景当中，两者之间具有强烈的相依性。

所以，数学活动经验积累与劳动教育是相辅相成的，在数学课堂中实施并渗透劳动教育，不仅非常符合新课程标准的理念，而且也有助于学生未来的生活、工作和学习。尝试课改，可以从以下几个方面着手。

一、钻研教材，大胆思变，思变则通

党和国家对小学生劳动教育高度重视，但如何让劳动教育落地生根，如何有效渗透劳动教育，需要我们深刻思考。小学数学教师要从钻研教材开始，立足教材，以教材为载体，挖掘劳动素材。北师大版本数学教材，为我们提供了丰富的劳动教育情境和内容，教师要善于挖掘其中的劳动素材并充分利用这些资源，在实际教学中更好地构建符合数学课堂的劳动情境，让学生在丰富的数学学习活动中逐步明白劳动的重要性，培养学生热爱劳动、尊重劳动、崇尚劳动的良好美德。

二、立足课堂主阵地，聚焦学生学习，调整教学方式，深化课堂改革

课堂是教学活动的主阵地，聚焦"学生本位"，调整课堂教学方式，构建符合数学课堂的劳动经验并积累情境，一线教师责无旁贷。"导学单"的创生，使课堂不拘泥于课内的40分钟，也延伸到了课前。传统的"预习"在"导学单"的指引下，目的性更强，使学生将一些浅显的可以自学的概念在课前就已经熟记于心，最终外化于行，这也是实现小学数学活动经验积累与劳动教育融合的重点和难点。所以，"导学单"的问题设置应十分考究，根据学生的年龄特点与心理发展规律，将记忆性的浅层概念学习，设置为以"大问题探究"或者是"项目式的小组合作探究"为主题的"探索学习单"。例如，在学习小学阶段的"公顷和平方千米"时，可以把"导学单"变成探究前置的"大问题探究学习单"，鼓励学生在课前围绕"篮球场有没有一公顷那么大"的大问题进行实践体验。于是，学生带着自己的数学活动经验进入课堂：1公顷大约有8个篮球场那么大；我们走完篮球场的长需要38秒，走完宽需要31秒；计算走完这个篮球场需要将近20分钟，那么走完1公顷需要160分钟！而这些问题也证实了学生在动手实践的过程中，可以真正明白如何自己动手解决问题及利用什么方式解决问题，在利用自己的力量去丈量世界的同时探索问题的答案。当然，有的知识还可以根据学生年龄特点在课堂开展简单模拟劳作式操作活动。例如，《整理房间》《搭配中的学问》等，让学生在体悟"简单分类""有序劳动"的过程中"探"出思路，"培"出数学思维建模、基本数学思想等素养，提升学生的迁移、推理能力，让学生体验到成功的快乐，树立以劳动为荣的价值观。

三、学以致用，从课内延伸到课外，实现创造性劳动，收获成就感

其实小学数学与劳动教育的联系特别密切，与劳动生活体验的联系不仅体现在课内，甚至还延伸到了课外。例如，我校充分利用楼顶进行课程建设，打造丰富多彩的楼顶课堂，设计了全生态教育链，打造"项目内驱式"教育。以种植各种蔬菜为例，此课程以"如何让土地种菜收益最大化？"为项目驱动性问题，让学生以小组为单位，参与土地测量、选种、育苗、栽种、养护、记录、收割、做菜的整个过程，在这个过程中，学生会遇到病虫害防治、壮苗增果、科技养护、探寻并体验为南瓜授粉等一系列的衍生问题，学生在劳动实践中不仅积累了活动经验还创造了新的经验和以往课堂里

难以学到的新知识。为了更好地开展劳动教育，个别学校还跳出课堂，开展了家校共育的劳动课程，布置家庭劳动任务并设置了相应的评价标准，如整理衣柜、做简单家务、烙饼等。这些看似简单的家务其实蕴含了许多数学大道理。例如，整理衣柜需要分类整理的知识，做简单家务和烙饼需要优化的思想来提高时间的利用率。这样的特色课程不仅让学生切身体会到劳动的不易，从而学会珍惜劳动成果，尊重劳动人民，还积累了一系列如观察、猜测、操作、计算、推理、验证等活动经验，并在这个过程中创造性地综合已有的数学知识和劳动体验去解决新的实际问题，让学生在做中学习、做中成长、在磨炼意志的同时，也充分体验到了成功的乐趣，培养了他们学习数学的兴趣和信心，实现了小学数学活动经验与劳动教育的双向提升。

劳动教育、数学活动经验的积累和核心素养的提升是一项细微、复杂、艰巨的工作。教师要通过教学理念的转变、教学方法的丰富，让学生在劳动体验中逐步积累数学活动经验，树立以劳动为荣、热爱劳动、尊重劳动、敬畏劳动的正确价值观，实现小学数学活动经验积累与劳动教育的双向提升。

小学劳动教育实践探究策略刍议

游彩霞

苏联教育家马卡连柯曾指出："劳动永远是人类生活的基础，是人类创造幸福的基础。"可见劳动占据生活的重要部分。现阶段，劳动教育也走进了我们的教材，走进了我们的课堂，为了更好地实施劳动教育，培养学生的综合素养，我们尝试从小学劳动教育的实践策略角度进行小学劳动教育的实践研究。

一、小学劳动教育的背景

在小学阶段开展劳动教育一方面是时代发展的需求。社会的不断进步和发展，对人的综合素养的全面发展提出了更高的要求，而劳动教育是提升小学生动手能力的重要途径，有利于培养小学生的劳动技能，提高他们的参与感和体验感。另一方面，劳动教育是操作性很强的一门课程，需要广阔的空间、开放的场地和相应的环境，需要其他人员，甚至是农业相关人员进行一定的指导。由于种种条件限制，很多的劳动教育变成了"纸上谈兵"，只剩空洞的理论知识，脱离学生学习、生活实际，无法起到真正的劳动教育作用。

二、小学劳动教育的实践策略

如何保障劳动教育顺利开展和有效实施？笔者将从以下三个方面展开论述。

（一）开设多彩课程，增设专门体系

组织专业人员开设课程。要确保劳动教育的有效实施，需要安排专门的教师解读、解构和重组教材，对教材进行分析研究，组织专业的教师给学生上课，以学生喜欢和感兴趣的方式呈现教材内容，激发学生对劳动教育的热爱。

开发家校一体的课程体系。劳动教育是学校课程的重要部分，学校应该以劳动教材为依托，自主开发适合的校本教材，并辅以相应的家庭劳动教育手册和不同年龄段劳动教育清单，让家长对孩子的劳动教育有依据、可操作，使校内、家庭劳动教育连贯一致。

建立合理的评价机制。一个合理的评价机制能够有效激发学生潜在的动手实践欲望，也能使学生坚持并热爱劳动，提高劳动素养。笔者认为，可以对学生的日常表现和阶段性表现进行评价。学生可以将平时的劳动通过云平台上传，家长和教师以劳动币作为奖励进行评价，学期末采取技能等级考核的方式，鼓励每位学生至少掌握一项劳动技能。对学生的劳动采取过程性评价和结果性评价相结合的原则，鼓励学生自主劳动，在劳动中感受动手实践的快乐，逐步掌握必要的劳动技能。

（二）开展实践活动，增强学生体验感

劳动教育的主体是学生，只有充分调动学生的积极性才能让学生自主、主动地参与劳动，在劳动中得到锻炼和发展。开展不同的主题实践活动，能增加学生的体验感，增强学生对劳动的认识和认同感。

我们可以在班级内开展劳动技能大比拼，如清扫教室、整理自己的抽屉、小组合作做水果拼盘等；还可以充分利用社区资源，组织社会研学，组织学生定期到研学基地开展研学活动，体验木制工艺、手绘草帽、水田种植等；将劳动教育与其他学科相融合，语文学科涉及传统节日文化，清明节可

以组织学生制作青团；科学学科学习有关蚕的知识，可以让学生养蚕观察蚕的生长；美术学科自己动手制作彩泥作品；等等。

还可以以节日为契机，举办相关的主题实践活动。比如：植树节可以开展"我与树苗共成长"的主题活动，组织学生利用周末时间，亲子共植一棵树，拍照并记录下来，留下挥洒汗水的瞬间；"三八妇女节"可以为自己的妈妈制作一份祝福卡片，为妈妈做一次饭、捏捏背等，拉近亲子之间的距离；"五一"劳动节可以让学生了解劳动节的来源，制作劳动节小报，进行家庭集体劳动等；"学雷锋"月组织爱心义卖等活动。节日里的主题实践活动让劳动充满了仪式感，更能引起学生们的重视。

（三）拓宽教育空间，增强家校合力

家庭是孩子的第一所学校，家长是孩子的第一任老师，对孩子的成长起着至关重要的作用。因此，小学生的劳动教育，不能脱离家庭环境来开展，我们可以把家长这股巨大的力量引入劳动教育，推动和促进小学劳动教育良性发展。

首先，对家长进行劳动教育指导，使其真正认识到劳动教育对小学生成长的意义，为劳动教育的开展提供思想上的保障。其次，将小学生的劳动教育场所延伸到家庭，让家长对小学生的一些生活劳动，如扫地擦桌子、整理自己的房间等起到监督和辅助作用，甚至可以由家长带着孩子到社区开展服务性劳动，如公益劳动等，增强小学生劳动的责任感，为劳动教育的开展提供行动上的支持。最后，可以邀请家长到班级开展讲座，很多家长都是各行各业的精英，有的在银行工作，可以为学生讲解理财知识；有的在企业上班，可以给学生讲解企业的发展史；有的是设计师，有的是工程师……他们各有专长。如果他们来到班级为学生讲解，学生不仅能了解行业知识，还能对自己的职业有初步的规划。如此一来，家庭教育和学校教育互为助力，为小学劳动教育的开展提供有利的条件。

劳动教育对学生今后的成长发展会产生重要的影响，而劳动教育的有效开展不是一蹴而就的，需要综合学校、家庭甚至社会多方面的力量和资源，需要各学科教师将理论与实践结合，为学生提供劳动相关的实践活动，家校合力，劳动教育才能实现长足发展！

有效开展小学劳动教育初探

胡美华

小学劳动教育，在明确劳动教育目标的前提下，挖掘身边的劳动资源，设置合理的劳动内容，开展丰富多彩的劳动实践活动，健全劳动教育评价体系等，能更好地培养学生的劳动意识，提高劳动技能，感受劳动价值，让学生在劳动实践中获得全面发展。

一、明确劳动教育目标，科学设置劳动内容

目标是行动的先导，如果目标不清楚，我们的行动就会失去方向。教师作为劳动教育的实施者，首先要明确劳动教育的总目标，在总目标的指导下，充分了解所在年级段学生的年龄特点、动手能力以及劳动需求后，制定符合实际学情的微观、具体的目标，并根据具体目标，因地制宜，开发身边的劳动教育资源，设置形式简单、操作性强的劳动教育内容。例如，低年级开展以自己的事情自己做为主的劳动教育，中年级开展做力所能及的家务的劳动教育；高年级开展有一定技巧性的劳动教育，并将劳动课分为思想引导课、技能指导课、技能练习课、劳动实践课。通过内容丰富、形式多样的劳动教育课，落实劳动教育目标，进而转化成为学生的劳动素养。

二、贯彻"知行合一"，理论与实践并行

陶行知先生提出的"知行合一"教育思想早已是教育界的关键对标。贯彻劳动教育培养学生"知行合一"的教育目标，就要求教师既要抓好课堂劳动教育的主阵地，融入劳动教育的核心素养理念，激发学生劳动的热情，树立正确劳动观念，指导劳动技能，拓展劳动知识，又要避免用单一的方式向学生传输理论知识。仅让学生停留在"听、看"的阶段，并不能让学生体会到劳动中的乐趣，更不能让学生真正掌握劳动技能。这样的形式忽略了劳动

教育的意义，导致劳动教育只是停留于表面，过于形式化的流程对学生劳动综合素养的提升起不到促进作用，劳动教育的目标也无法真正实现。尤其是对小学生而言，枯燥的理论内容很难理解，而"知行合一"原则强调重视实践，通过实践加强对理论的理解与内化。受限于课堂教学的场地硬件条件，很难为学生提供大量的劳动实践机会。因此，教师需要结合校内、校外教育资源，将劳动教育落实到一个个生动而又鲜活的劳动实践中，增加劳动教育的实践内容，加强劳动思想与实际行动的结合，在实践活动中体现劳动的丰富内涵，以此实现由"知"到"行"的转化，促进学生劳动能力与素养的提升。

三、开展丰富的劳动实践活动

实践是劳动教育的最佳途径，我们要为学生提供良好的劳动学习环境，营造劳动文化氛围，为学生提供更多实践的机会以及展示自我的平台，让学生在这个过程中掌握一些基本的劳动技能，养成爱劳动的习惯。

首先，在课堂上开展简单易操作的劳动实践。例如：低年级的学生在老师的指导下学习整理书包、书柜，包书皮，叠衣服，擦玻璃，清洗红领巾等；高年级的学生在教师的指导下学做寿司、水果拼盘，学做各种手工，装扮教室，到学校的劳动基地劳作等。垃圾分类是社会发展的必然，教师可以在班级中举办"我是环保小卫士"的活动，让学生将生活中的废弃物品带到课堂，开展垃圾分类活动。顺势带领学生到校园或周边捡拾垃圾并进行分类分装处理，然后指导学生变废为宝，将废弃物品制作成小手工。例如，将废弃的水瓶做成笔筒、花篮，将废弃的本子改造成插花艺术品等。通过实践活动帮助学生快速掌握垃圾分类知识，通过亲自体验来强化环保意识，懂得尊重劳动成果、保护环境的重要性，从而引导学生树立正确的价值观念。其次，以校园的日常管理为切入点，让学生每天早上到校擦拭课桌椅，中午和放学后打扫教室和校园分担区，每周进行一次卫生大扫除；午餐轮流分发餐具，进行校园职业体验，做教师的小助手。此外，班级设置植物角，学生全程参与植物的种植与养护，从而让学生认识到劳动的不容易，懂得珍惜劳动成果，形成良好的劳动观念和劳动品质。

劳动教育还应与家庭劳动相结合，每学期推行各年级家庭劳动清单，设置如扫地、拖地、洗碗、洗衣服、整理房间、收纳物品、做美食、买菜等力所能及的家务劳动，让家庭劳动成为一项光荣的实践作业，并请家长打卡接龙或是签名督导。通过这些家庭劳动实践，许多孩子从不会做家务到会做家务，从对家务熟视无睹到眼中有活，进而形成做家务的习惯，并在劳动中有了成就感。

根据节日习俗，开展节日系列活动，在活动中评选出劳模。例如：劳动节全员大扫除，装扮教室，评选最佳"美容师"；端午节全班动手包粽子，中秋节学做月饼，冬至包饺子，春节学做年夜饭等，评选最佳"小厨师"；父亲节、母亲节亲手给长辈做贺卡，给长辈捶背、洗脚等，评选"孝顺好孩子"。通过这种方式，不但能让学生感受到节日的魅力，还能够提高其劳动意识。

此外，为提高学生的劳动技能，还应定期举办劳动成果展示、劳动技能相关比赛。以赛促学、以练促劳，使学生既展示了所学本领，同时也享受到了劳动的乐趣，体会到"劳动最光荣"。

四、完善劳动评价体系

在小学劳动教育的实施中，还应该注重评价和反馈，建立完善的评价系统，用评价促进劳动教育由深走实。对学生的评价要结合劳动教育核心素养，从劳动观念、劳动能力、劳动习惯、劳动品质以及劳动精神几方面考虑，建立完善的评价体系。评价标准要具体明确，评价方式要具有可操作性。同时，不仅要重视成果性评价，还要注重过程性评价。让学生自评，随时进行自我调整；同学互评，相互启发帮助；家长评价，给予指导意见；教师全面评价，明确下一步努力的目标。鼓励所有人依据评价标准真实表达内心的想法，给出合理且中肯的评价。值得注意的是，评价过程中要从细微处入手，及时肯定其劳动行为，并设置评价激励机制，以此来激发学生劳动的热情，肯定其劳动成果。让"劳动最光荣、劳动最崇高、劳动最伟大、劳动最美丽"的认识深入学生心中，即"内化于心，外化于行"。

加强小学生劳动教育不仅体现在科学设置劳动内容、落实"知行合一"教育理念、开展丰富的劳动实践活动以及完善劳动评价体系这四个方面，还有更多行之有效的途径，需要教师在日后的教育生涯中加以深入研究和探索，结合学生的实际情况和发展需求不断优化活动模式，提高劳动教育的教学实效。努力把少年儿童培养成热爱劳动、勤于劳动、善于劳动，具有实践能力和综合素养的社会主义建设者和接班人。

浅析初中劳动教育的有效落实路径

钟靖雯

"民生在勤，勤则不匮"，中华文明的发展史也同样是劳动的发展史。精卫填海、夸父逐日、愚公移山、大禹治水一个个神话传说，对中华民族的勤劳勇敢与智慧进行了全方位的展现。"有教无类"奠定了"让每个人都能普遍接受教育，而每个人又能普遍从事生产劳动"的社会主义劳动教育理想的传统基础。改革开放后，以"科技是第一生产力"的政策方针为指导，我国在深度与广度方面都加速了"智"育进程，反而造成了学生"脑力劳动"和"体力劳动"的严重不平衡。目前多数学校的校园卫生是通过政府购买服务来实现的，学生在劳动值日中的劳动已经被大幅度缩减了。大部分青少年的劳动意识不强，基本上在家都是"十指不沾阳春水"的状态，最基本的生活自理的能力都不足，健康状况让人担心，不断向智能时代"片面人"堕落。在这种情况下，"手脑并用"作为学校劳动教育的内在需求，它对促进学生的体力和智力的全面发展，有着十分重要的作用。

一、学校劳动教育

根据实施场域的不同，通常分为学校、家庭与社会三方面的劳动教育。学校劳动教育，是指学校开展的劳动主题教育实践活动，具有目的性，有组织、有步骤地开展工作。在这种特定的教育活动实践中，"劳动"贯穿始终。具体而言，学校劳动教育就是为了"劳动"而存在的，旨在培养出符合时代发展要求的劳动者；学校劳动教育是和"劳动"联系在一起的，内容以培养学生劳动素养为主；学校劳动教育的基础就是"劳动"二字，它的推行主要是劳动实践的结果。

二、劳动教育的有效落实路径

（一）丰富教育者主体

首先是生活技能方面的教育。小学生要主动参与生活劳动，至少要做到生活基本能够自理，中学生也要参与家中的劳动和学校里的劳动，以增强自身的劳动能力，大学生在学校里也可以参加勤工助学、实习实训及其他活动，形成良好的自立品质。其次是劳动习惯方面的教育。学校设定相应劳动任务，并积极鼓励学生参加学校服务和部分管理工作，使学生有参加劳动的机会，并对投入劳动产生自觉，形成良好的劳动习惯。而对真正的劳动教育而言，教师不应该将其局限于课堂中，而应积极与家庭劳动与服务型劳动相结合。例如，在家庭教育中，整理书包、整理文具、叠衣服、整理自己的房间等。在服务型劳动中，一种是校内组织的各项劳动。例如，校园卫生保洁及绿化美化，还有和劳动相关的兴趣小组、社团等，能培养学生为之服务和积极参加公共活动等习惯。另一种是社会公益劳动。例如，公益服务、"四进社区"等活动和其他义务劳动实践。此外，学校还可以借助劳动教育实践基地，通过实践基地、社会资源及研学旅行等，将学生的日常活动与社会实践活动结合起来。

（二）丰富劳动教育内容

从初一年级的劳动教育课本中我们可以看到，《金秋争做桂花糕》《一针一线总是诗》《维修保养自行车》《体验微视频拍摄乐趣》《校园微电影剪辑技术》《搭建露营帐篷》《制作木制收纳盒》《七分法巧减双喜》等在劳动培养类型方面都可以简单地归类为技能型劳动，其中有的与现今流行媒介结合，有的与传统文化结合；《玩转有趣的泥条》属于创意劳动；《筹办一次家庭聚会》既属于创意劳动也属于管理劳动。综上所述，目前的劳动教育内容十分丰富且多样，但仍然可以继续增加相应的劳动内容，比如数字劳动，简单编程语言的入门；比如服务劳动，学校可以和社会组织合作，让学生开展有偿的劳动体验，在教导学生劳动的同时还可以培养其以劳动换取财富的观念。再如，科学教育方面：一是要加强科学意识教育，增加物理、化学、生物学科的动手操作技能、职业技能；二是进行科学知识教育，学校应该对学生进行现代信息技术、人工智能和其他科学技术知识的教育，促使他们尊重科学、了解科学、投身科学研究，以科学方法解决所碰到的难题。也就是说，劳动的终极目的就是让学生获得相应程度的劳动能力与知识，同时对学生的劳动习惯进行培养。指导学生通过生产劳动，激发创造力，是当前学校劳动教育中的一个重要环节，也说明学校要拓宽思路，充实劳动教育内容。

（三）做好劳动评价

劳动是一个人存在与发展的途径，贯穿人们的生活，个体劳动观又产生于长期的劳动实践中。所以，劳动教育评价要重视劳动教育的性质与规律，进行相应改革与更新。从整体上看，新时期学校劳动教育评价不仅应注重劳动知识和技能的最终学习效果，更应该重视过程评价，注重对学生马克思主义劳动观形成的评价。

从劳动知识和技能方面看，要在对劳动价值的初步理解中，对劳动形态变迁有初步认识，学习基本劳动工具的使用方法、具备保证劳动安全必备知识；在培养劳动品质和习惯方面，要用积极主动的态度承担劳动，自觉遵守劳动规范与纪律，抵制投机取巧；就劳动观念的确立而言，要承认劳动无高低之分，真正领会"劳动成果来之不易"的含义，理解团结协作在劳动上的意义，并懂得守信的重要性。

小学劳动教育的台前幕后

林丹阳

自2022年开学起，劳动课正式成为中小学的一门独立课程。但由于长久以来劳动教育在义务教育课程里处于边缘地位，各类教育主体如学生、教师、家长对劳动教育的认识存在弱化、异化的问题（檀传宝，2017）。因此，劳动教育需要从创新教育教学理念，明确义务劳动教育的科学内涵，完善课程建设，明确教育主体入手，协同各方构成教育合力。

一、劳动教育的科学内涵

劳动教育是以促进学生形成劳动价值观和养成劳动素养为目的的教育活动。其中劳动价值观是指树立正确的劳动观点，形成积极的劳动态度，热爱劳动和劳动人民等；劳动素养是指学生要有一定的劳动知识与技能，形成良好的劳动习惯等。

长期以来，因为应试教育，劳动教育处于边缘地位，很少引起重视，在学生教师和家长心里，劳动教育更是可有可无。伴随少子化时代的到来，学生回到家里很少有机会参与劳动或家务，城市化的变迁也压缩了学生参与劳动的时间与空间。在以往的教育实践中"劳动"甚至被异化为一种惩罚手段，其背后的情感肯定是"厌恶""躲避"等负面的。也有一些实践课将劳动课程安排在课程之余，用来放松身心，成为个别学校用来展示多元教学的秀场。对劳动教育的误解还包括对其的矮化，将劳动教育等同于劳动技术教育，过分强调技术而忽视劳动价值观的培育，而忘记了让学生热爱劳动、热爱劳动人民等才是劳动教育应有的核心或本质目标。这些错误的价值观误导了人们，也使劳动教育无法真正落到实处。

因此，正确认识劳动教育应充分认识到劳动教育的重要意义。马克思主义政治经济学强调劳动价值理论，倡导按劳分配等社会主义经济原则；在马克思主义的教育思想中，培养在体力、脑力上全面发展的人，以及"教育与生产劳动相结合"等，一直是社会主义教育实践的重要指针。在新时代，我们也更应该认识到，劳动教育是社会主义事业建设的必要一环，是社会主义教育的根本特征之一。

强调树立正确的劳动价值观是劳动教育的本质目标。劳动教育长期停留在提高学生的劳动技术上，或是肤浅地将劳动教育等同于体力劳动，无法树立正确的劳动价值观。因此，应该让青少年充分认识到劳动对社会发展和人生进步的重要意义，以热爱劳动为荣、以不劳而获为耻，尊重努力劳动、贡献社会的不同阶层的劳动者，愿意以自己的体力和脑力劳动建设祖国、贡献社会、服务人民。新时期，劳动早已不是简单的体力活，技术水平的提高，信息技术产业、文化产业的大幅提升对劳动的形态的多样性也有了极大的推动。因此，学生应树立与时俱进的劳动价值观，唯有如此，才能真正服务于中国特色社会主义建设事业。

二、小学劳动教育的基本原则

根据中共中央、国务院《关于全面加强新时代大中小学劳动教育的意见》（以下简称《意见》），劳动教育应遵循以下原则：

① 把握育人导向。

② 遵循教育规律。

③ 体现时代特征。

④ 强化综合实施。

⑤ 坚持因地制宜。

《意见》指出劳动教育应坚持党的领导，立足培养担当民族复兴大任的时代新人，始终准确把握劳动教育的价值取向，提高学生综合素质，引导学生树立正确的劳动观，以热爱劳动为荣，增强对劳动人民的感情，尊重劳动，崇尚劳动。劳动教育的设置应考虑学生的年龄特点，注重手脑并用，以体力劳动为主，在安全范围内提高劳动实践体验，提升育人时效性。新时期，新劳动。劳动教育应该适应科技发展产业升级，面对新的产业形态，注重新技术支撑和社会服务新变化；应提升劳动法律意识，强化诚实合法劳动意识，通过深化产教融合，在实践中培养科学精神，提高创造性劳动能力；应拓宽劳动教育途径，加强统筹，整合学校、家庭、社会各方力量，做到劳动教育日常化，学校的劳动教育规范化，社会的劳动教育多样化，协同育人，家校共育；应根据各地实际情况，开发具有本地特色的劳动课程，结合当地自然、人文等特点，充分利用行业、企业等可利用资源，因地制宜，开展具有地域特色的劳动教育，避免一刀切。

根据《教育部关于印发〈大中小学劳动教育指导纲要（试行）〉的通知》，小学劳动教育内容在低年段以个人生活起居为主，注重培养劳动意识和劳动安全意识，培养正确的劳动观，热爱劳动，感受劳动的乐趣，爱惜劳动成果。具体如：

① 整理、清洗个人物品，会清扫垃圾和垃圾分类等，树立自己的事情自己做的意识，提高生活自理能力；

② 参与适当的班级集体劳动，主动维护教室内外环境卫生等，培养集体荣誉感；

③ 进行简单手工制作，照顾身边的动植物，关爱生命，热爱自然。

在高年段，劳动教育的主要内容包括校园劳动和家庭劳动，使学生体会到劳动最光荣，尊重劳动者，养成热爱劳动、热爱生活的积极态度。具体如：

① 家庭清洁，做家常餐，能够收纳整理，学习生活技能；

② 培养家庭责任感，提高学生自理能力和勤俭节约的意识；

③ 参加校园绿化美化、垃圾分类、卫生清洁，参加社区公共卫生活动，增强公共服务意识；

④ 初步体会种植、养殖、手工制作，与他人合作劳动，懂得日常用品都来之不易，要珍惜劳动成果。

综上，小学劳动教育应把握以下原则：

① 重视引导学生树立正确的劳动价值观；

② 培养正向的劳动情绪，提高学生的参与感与获得感；

③ 结合学生生理及认知特点，制定切实可行的教学目标；

④ 提高学生的自我服务意识，结合学生实际情况，提升教学内容的可实践性。

三、小学劳动教育的实施建议

（一）注重劳动教育对小学生劳动意识的培养

应根据学段及当地学生教育情况制定相应的劳动教育指南，明确具体的劳动教育价值观标准。例如，颁布相应的教学大纲使教师教学有条可依。同时，在具体实施中，教师可以通过谈话、讲故事、播放文艺作品或影视片段等方式引导学生热爱劳动，尊重劳动者，珍惜劳动成果。

（二）培养学生的自我服务能力

自我服务，简单来讲就是自己的事情自己做。通过此类锻炼，可以培养学生独立的品质、自力更生的能力。正如苏霍姆林斯基所说："儿童的智慧在他的手指尖上。"因此，应该从小培养孩子"自己的事情自己干"的思维。培养学生的自我服务能力意义重大，与我们当今基础教育课程改革密切相关，体现了综合实践课程精神。这门课程强调学生在教师指导下自主活动，强调以学生经验为基础，并包括社区服务、劳动教育等领域。因此，学生在自我服务的过程中会逐渐认识到，人不仅享受劳动成果，还必须从事劳动，为自己也为他人服务。

（三）着力推进劳动教育家校共育

劳动教育最终要落实在学生的日常生活中，而学生的主要生活场景包括学校和家庭。学生习得劳动技能，形成劳动习惯，树立正确的劳动观念，主要依赖家校双方的共同努力。尤其是小学生，自我意识尚未形成，依赖家风熏陶、家长引导和学校教育。学校可以提供专业指导、科学的学习体系、社会服务平台；家庭可以提供具体的实践机会、个性化的劳动方案、更为持久稳定的劳动观培育环境。因此，学生的劳动教育需家校双方形成合力。例如，笔者班级在一节关于"中秋节给家人准备一份礼物"的劳动课上，一位来自潮汕的男生就讲述了他们当地在中秋节是要拜月神的,所以和其他准备月饼的同学不一样,他要学习制作叠纸用作祭祀,并表示长大一点他还要和妈妈学习做月糕,这样妈妈就不用每次中秋节都那么辛苦忙碌了。学生在家庭中学会承担家庭劳动的责任,懂得感恩与分担,也是劳动教育的目标。在我们的课堂上,他的学习成果分享让我们班的学生领略到了不同地域的文化差异,他的成长故事也深深地打动了我们班的每位学生。同学们也表示,自己很受触动,希望也可以做更多家务,替父母分担辛苦。

(四)健全劳动教育评价体系

健全劳动教育评价体系,首先,应强化目标导引,建立劳动教育教学评价一体化的教学大纲;其次,应优化评价内容,让劳动素养评价落到实处,如重视劳动教育中隐性的劳动观念、劳动精神的评价,并转化为具象的劳动表现、劳动行为、劳动习惯;再次,应注重学段特点,结合小学生身心特点制定切实可操作的结构化开放评价体系,使复杂多样的劳动项目有具体可操作的评价描述框架;最后,应在实际教学过程中创新评价方式,丰富评价主体,提升评价手段与评价技术等,使劳动评价切实可行,提升劳动教育质量。

小学劳动教育一直处于被淡化、弱化、矮化甚至异化的境地,究其原因,是观念的落后与封闭。家长普遍认为小孩子能力有限,大人应代劳,更或者认为学习更重要。为促进劳动教育的发展,教育各方应形成合力,教育相关部门应强调劳动的重要性,完善劳动教育教学体系,学校应切实保证劳动课程的有效开展,家庭应督促学生接受劳动教育,社会应为学生提供更为广阔的实践平台与支持等。

植入数学文化,孕育劳动之花

方 芳

劳动教育是素质教育的重要内容,2020年中共中央、国务院印发的《关于全面加强新时代大中小学劳动教育的意见》明确指出,"将劳动教育纳入中小学课程方案","把劳动教育纳入人才培养全过程","除劳动教育必修课程外，其他课程结合学科、专业特点，有机融入劳动教育内容"。因此，我们要注重培养学生的劳动意识、劳动精神及劳动能力，真正的落实不仅要依靠劳动课程，还需要与学科专业教学有效融合。这就需要教师更新教育理念，整合资源素材，改进教学方法，积极探索实践，实现学科教学与劳动教育的有效融合。

作为一名小学数学教师，通过文献研究和教学实践，发现借助数学文化，有利于推进劳动教育的实施。《义务教育数学课程标准（2022年版）》提出，要"在数学课程内容中，关注数学学科发展前沿与数学文化，继承和弘扬中华优秀传统文化"。数学文化不仅是数学精神和思想方法的积累，还彰显着千百年来劳动人民的智慧，蕴含着丰富的劳动素材和资源，付登超、周雪英等专家均提到了借助数学文化，教育学生"劳动启智"，以帮助学生转变劳动教育的观念，提升学生的核心素养。笔者结合自身教学实践，就如何利用数学文化来进行劳动教育，进行相关阐述。

一、挖掘教材，渗透劳动文化

小学数学教材的编写注重数学知识的产生和发展过程，渗透数学文化和思想方法，尊重人类劳动成果。在教材中，数学文化的内容比较丰富和广泛，包括数学史、数学与生活、数学与科技、数学与人文艺术等内容，其中大多涉及有关劳动教育的情境和素材，这些素材极为丰富并贴近学生的生活。教师在备课时可适当运用这些资源，让学生认识到是劳动创造了我们现在幸福美好的生活，从而引导学生树立热爱劳动、学会劳动、创造劳动的观念。

北师大二年级下册教材第28~30页的素材图中出现了华容道、竹蜻蜓等经典的游戏，这些都是古人创造并流传下来的。欣赏这些事物，观察并发现其中的规律，学生可以初步感知平移和旋转的特点，同时也认识到劳动人民在劳动中创造数学、在劳动中发展数学。

北师大版教材编写了"你知道吗"的知识角，让学生进行数学文化的学习，算筹、圆周率与祖冲之的故事、九章算术等优秀文化遗产都出现在其中。六年级上册《比的认识》一课，提供了黄金分割的素材，从毕达哥拉斯、希腊女神维纳斯、名画《蒙娜丽莎》、古埃及金字塔、宇宙太阳系旋涡，再到自然界的生命规律，以及音乐界的优美的音律，都藏着它的影子。著名的黄金分割，蕴含丰富的数学文化资源，它造就了无数美丽的建筑和艺术，体现了古代劳动人民的审美。这让学生充分了解了数学，乃至我们人类文明的发展，感受到古人的劳动智慧，激发了学生学习数学的热情。

二、扎根课堂，汲取劳动智慧

新课改以来，数学文化在小学数学课堂教学中的渗透也越来越受到关注，数学教学不仅要重视知识、方法的教授，更要重视文化价值与观念的传承。在数学课堂上，教师需要对教材内外资源进行梳理、挖掘和补充，体现数学的思想方法和知识的文化价值，使劳动人民所创造的文明深入学生的心中。

在教授二年级下册第五单元《厘米和米》时，教师可以向学生介绍这些长度单位是如何产生的，让学生感受到学习长度单位的必要性。介绍大禹治水时代的"以身为度"、埃及时期的"腕尺为度"、古罗马时代的"以步为度"，以及英国的"以足为度""以鼻为度"等，让学生认识不同历史时期及不同国度文化影响下的不同的度量标准。如果不统一长度标准，我们沟通交流不便，就容易产生误会，因此，统一长度标准非常有必要。国际通用度量单位的统一渗透着人类的汗水，彰显了人类的智慧，学生也因此感受到数学知识不再是冰冷的符号，而是人类智慧和精神的象征。

学生还要积极动脑思考，尤其是在解决数学问题时，要有钻研探索的精神，用数学的思想方法找到最优的解决策略，创造性地解决问题。在学习五年级上册《平行四边形的面积》时，学生已经基本认识了平行四边形，并会计算长方形的面积。如何突破"探索平行四边形的面积计算方法"这一重难点？教师可以借助中国古代数学家刘徽的"出入相补原理"，引导学生将计算平行四边形的面积转化为学过的计算长方形的面积。在猜想、验证、求知等活动中渗透割补和转化的思想，用数学知识解决劳动问题，提高学生解决问题的能力，让学生在劳动问题的解决中获得学习的成就感。

三、文化育人，积累劳动经验

在数学课堂教学中，大多数情况下学生都需要通过动手计算、画图来应用和巩固所学的知识。但这种数学问题的情境和预设往往只是"纸上谈兵"，真正使劳动教育融入数学教学，还需要学生在实践中提升数学的应用能力，积累劳动经验。

在四年级下册学习《小数的意义》时，教师可精心布置相关的实践作业在教授四年级下册《小数的意义》时，教师可精心布置相关的实践作业，引导学生走进小数的历史，了解数学家刘徽的历史故事，并尝试解决有趣的古算题，让学生了解小数知识在古代劳作过程中是怎样产生、发展和应用的。教师还可鼓励学生观察、发现生活中的问题，并运用所学的数学知识去解决。在生活中辨别方向时，古人丰富的经验和巧妙的方法能帮助到我们，如观察树的年轮、观察北斗七星等。他们还在劳动中发明了指南针，这是我国的"四大发明"之一，是我们值得骄傲和自豪的劳动创造。在学习《包装的学问》时，可以让同学们尝试自己设计一个既有创意又环保节约的包装方案，并制作出来。在观察、操作、体验的过程中培养学生分析、比较、抽象概括的能力，发展学生的空间观念和想象力，增强学生对劳动和学习的兴趣和信心。

我校还开展了"知·趣·思"数学文化活动，有制作七巧板创意图形画、数学手抄报、数学小报展，有计算小达人比赛、数独比赛，更有同学们喜爱的算24点、玩转魔方等数学游戏，在全校掀起了爱数学、学数学、用数学的热潮。学生在活动中探索体验，在文化中滋养成长，真正感受到数学真好玩、真奇妙、真有用。在数学教学之余，我们还开设了相关课程，探索学科教学与劳动教育的有效融合。在融合课程《探索时间的奥秘》中，我们带领学生走进二十四节气，通过多种形式学习节气的时间、由来、习俗、食物、耕作等，引导学生走出家门发现、感受节气带来的多彩气息，从祖先用劳动和智慧创造的文化中汲取精神，传承中华民族的伟大文明，让学生不仅感受到文化的魅力，而且更加热爱劳动、敬畏生命。

数学起源于劳动，数学文化与劳动教育紧密相连。随着数学文化在数学教育中的逐步渗透，学生加深了对劳动教育的理解，有意识地在生活劳动中培养技能，在劳动实践中应用数学解决问题。这一系列实践探究有力地提高了学生在劳动教育中发现问题、分析问题、解决问题的能力，对其核心素养的培育大有裨益。相信在未来的教学之路上，数学文化将为广大一线教师打开劳动教育的大门。让我们在知识的大地上，植下数学文化，共同孕育劳动之花！

家庭篇 | 我爱我家

基于**融合信息技术**教学改革
「融+」特色课程

中国茶文化初探

——小学劳动教育项目式学习活动案例

赵 茜

一、案例背景

（一）现实依据

劳动是创造物质财富和精神财富的过程，是人类特有的基本社会实践活动。劳动教育是发挥劳动的育人功能，对学生进行热爱劳动、热爱劳动人民的教育活动。

中国的茶文化源远流长，博大精深，茶文化进校园活动育人作用显著，不仅能让学生更好地了解中国历史、增强学生的文化自信，还可以提升学生的职业素养，培养学生的礼仪规范。但现在的学生对茶文化知之甚少，甚至反而喜欢勾兑出来的饮料或者奶茶，因此让学生了解和探究茶文化非常有必要！

（二）课程依据

《义务教育劳动课程标准（2022年版）》指出，劳动课程是实施劳动教育的重要途径，具有鲜明的思想性、突出的社会性和显著的实践性。根据课标指导，劳动教育课程任务设为十个任务群，其中就有"传统工艺制作"的板块。这一课程任务要求学生了解传统工艺特点及发展历史，初步掌握传统工艺制作的技能和方法；领悟传统工艺的价值，感受传统工艺的智慧，初步形成传承中华优秀传统文化的意识；感受工匠精神，初步形成追求创新的劳动精神。

二、案例描述

我国饮茶历史悠久，早在春秋时期就备受关注，从秦汉、隋唐、明清至今，经历了两千多年的传承与发展，创造了灿烂的文化，为人类的文明与和谐，特别是在加强友谊、建立情感方面做出了巨大贡献。饮茶文化也是我国文化的一个重要组成部分，它内涵丰富、意义深远，在人文精神及日常生活等方面均发挥着不可替代的作用。饮茶文化从古至今，自始至终一直存在于生活的各个角落，其中的文化及内涵表现在物质、精神两个方面。物质方面有历史长河中前人遗留下来的茶文物，也有现代人推出的茶馆、茶具、茶歌、茶舞及茶艺会演等。精神层面有茶道、茶德、茶经、茶话，也有以茶会友、以茶静心、以茶养性、以茶为荣等的文化内涵。由于茶文化折射了人们在生活上的渴望和精神上的向往，所以饮茶逐渐被人们视为一种高雅的享受，饮茶也逐渐被人们称为"品茶"。当年清代查为仁的诗句"书画琴棋诗酒茶"除了表达对生活的感慨，也正好道出了饮茶文化及内涵的广大和深远。

而茶艺是"茶"和"艺"的有机结合，是把人们日常饮茶的习惯，根据茶道规则，通过艺术加工，向饮茶人和宾客展现冲茶、泡茶、饮茶的技巧。把日常的饮茶艺术化，提升了品饮的境界，赋予了茶艺更强的灵性和美感。茶艺是一种生活方式。茶艺多姿多彩，充满生活情趣，丰富了我们的生活。茶艺是一种舞台艺术。要展现茶艺需要人物、道具、舞台、灯光、音响、字画、花草等的密切配合及合理编排。茶艺是一种人生艺术。人生如茶，在紧张繁忙之中，泡出一壶好茶，细细品味，通过品茶修养内心，感悟人生，使心灵得到净化。茶艺是一种文化。茶艺在融合中华优秀传统文化的基础上，广泛吸收和借鉴其他艺术形式，形成了具有浓厚民族特色的中国茶文化。

三、驱动问题

（一）提出问题

茶，产自中国，传播于世界，是中华民族的骄傲，茶文化也是中国传统文化的代表。中国有句俗语"开门七件事：柴、米、油、盐、酱、醋、茶"。而饮茶在中国已经有上千年的历史了，同学们对于茶了解多少呢？以"茶文化初探"为主题进行研究。

（二）分解问题

由于学生对茶的相关知识了解并不多，在课堂上，教师对有关茶的问题进行了引导和分解，最后列出以下问题：

① 茶叶的发展历史过程；

② 茶叶的种类区分；

③ 茶叶的冲泡技艺；
④ 茶文化的延伸知识；
⑤ 茶叶的种植小知识；
⑥ 喝茶的礼仪；
⑦ 茶点的知识。

四、案例目标

（一）总目标

通过本次项目学习，引导学生深入了解中国茶文化，感受其蕴藏的中华文化、民族精神和传统美德，让茶文化走进每个学生心中，使学生养成健康的生活方式，同时让学生从小知茶性、明茶礼，树立民族文化自信，传承传统文化。

（二）具体目标

① 以小组为单位，提出本小组要探究的有关茶文化的问题并进行分工；
② 学生通过书籍及网络，收集相关资料，了解茶的发展历史、茶的制作工艺、茶叶的分类、茶的冲泡等相关知识；
③ 学生自主设计PPT，在班级里进行探究成果汇报；
④ 鼓励学生用照片、视频对任务过程进行记录。

五、案例设计

（一）实施思路

围绕"茶文化初探"这一驱动问题，学生通过多渠道查找搜集茶文化相关资料，进行任务分解，根据自己的特长和喜好，在教师的指导下自主分组，通过小组活动任务进行查阅资料、实操练习学习等实践体验完成分任务，最后进行成果汇报。

讨论分组 ➡ 任务分解 ➡ 体验实践 ➡ 教师指导整合 ➡ 成果展示

（二）实施路径

查阅文献 ➡ 学生实践 ➡ 体验活动 ➡ 展示成果

（三）成立项目小组

根据资料分类，进行任务分解，讨论分组，一共分成8个任务小组开展探究。

【勤学组】：茶点的知识，查阅相关文献资料，了解中外茶点文化；

【追光组】：用茶的礼仪，掌握喝茶时的礼仪和饮茶注意事项；

【迎风飞翔组】：怎么泡茶和泡茶步骤展示；

【善思组】：茶具的初步了解；

【逐梦组】：茶叶的种类和种植知识；

【乘风破浪组】【乐学组】【猎隼组】：茶的历史与文化。

小组分工讨论

六、案例实施

"茶文化初探"项目式学习活动采用分工筹备的方式，分为不同的主题任务让学生分组参与其中，以下是学习小组完成学习任务的具体过程。

（一）茶文化知识探究

学生通过图书馆书籍及网络收集茶文化的相关资料，并利用笔记的形式对查阅到的内容进行记录学习。

学生查找有关茶文化的资料

（二）茶文化知识探究材料整理

通过网上查找资料和在图书馆查找资料，各小组都收集了一定量的有关茶文化知识的材料，并将这些资料整理汇总。

（三）学习茶艺

学生向家长学习有关茶艺的知识和如何冲泡茶等。

（四）学习制作茶点

学习茶点摆盘

（五）成果展示

学生整理汇总，进行探究结果交流与展示。

1. 各小组在班级内进行小组探究结果汇报。
2. 向家长宣传茶文化知识，展示茶艺技术，并与家人一起享受饮茶生活。

七、案例评价

本次"茶文化初探"主题项目式学习活动基于小学生能力与认知水平设计，评价方式采用过程性评价与成果性评价两种方式相结合的形式。

（一）过程性评价

	评价指标	个人自评 ☆☆☆	小组互评 ☆☆☆	教师评价 ☆☆☆
过程性评价	活动参与程度			
	与同伴能友好地分工与合作			
	茶文化知识基础掌握情况			
	学习茶艺			
	与家人朋友分享茶文化知识			
教师评语	签名： 年　月　日			
评价说明	3颗☆：优秀　　2颗☆：良好　　1颗☆：继续努力			

（二）成果性评价

	评价主体	评价内容
成果性评价	教师、学生、家长	设"茶文化传播大使""最美茶艺师""最佳合作小组"三个奖项，每个小组成员根据分解任务对阶段成果进行展示，教师点评，学生点赞投票，点赞最多者获得奖项

八、案例反思

本次项目式学习，学生从提出问题到任务分工、搜集资料、分析整理，再到自主设计完成探究成果汇报，进行了一次全新的挑战，这是一次难得的学习经历。通过各方面调查研究，引导学生关注生活、关注传统文化，培养学生发现和解决问题的能力；同时通过小组分工合作，引导学生积极参与研究过程，培养了学生的团队合作意识，通过最后的总结让学生明白"一个人可以走得很快，但是一群人可以走得更远"，团队合作意识再一次得到升华；学生在整个项目实施过程中，需要与同伴、教师进行交流，口语表达能力与沟通协调能力得到了提升，他们懂得了要恰当、准确、清晰地表达自己的想法。

当然，在活动的开展过程中也存在一些不足。例如，由于学生对中国茶文化了解得比较少，在问题提出的环节无从下手；在成果汇报环节，个别小组汇报的同学是对着PPT内容照本宣科，缺少生动性和互动性；过程性评价覆盖面不全，还需更加具有针对性，过程性评价量表的设计要贯穿整个学习任务，综合衡量。

制作母亲节贺卡

——小学劳动教育母亲节活动案例

余琳琳

一、案例背景

（一）现实依据

苏霍姆林斯基在《给教师的建议》中写道：劳动在智育中起着至关重要的作用，儿童的智慧在他的手指尖上。劳动教育是学生成长的必要途径，具有树德、增智、强体、育美的综合育人价值。同时，劳动教育不仅能提高动手能力，更重要的是价值观的导入和习惯的养成。因此，我们可以以课堂为阵地渗透劳动观念、以活动为平台开展劳动实践、以家庭为桥梁丰富劳动形式，帮助学生在劳动中获得成就感，爱上劳动，用双手成就美好未来。

（二）课程依据

本课以母亲节为教育契机，内容涵盖母亲节节日历史知识、卡片设计方法步骤、手工制作等方面，以学生操作性学习为主，层层递进，符合低年级学生认知发展规律。在卡片制作的过程中，培养学生的动手能力，培育学生感恩父母的优秀品质。

二、案例描述

低年级学生求知欲强、好奇心重，对新鲜事物感兴趣，愿意动手尝试，也期盼从劳动中获得积极评价与成就感。在上周五的劳动实践课中，学生已经学习了如何整理自己的桌面，并做好了活动准备，对学习如何动手制作卡片更加感兴趣。但由于学生手部肌肉发展尚不完全，对双面胶、儿童剪刀、勾线笔等工具还不能正确使用，需要通过学习正确的示范、讲解，而达成学习目标。

三、案例目标

（一）总目标

通过本次活动学习，提高学生自己动手的能力，激发学生对美好家庭生活的热爱，养成感恩父母的优秀品质，在实践中感受到动手劳动的美好。

（二）具体目标

① 学生学习贺卡的有关知识，掌握贺卡设计的方法步骤，能制作一张感恩贺卡送给自己的母亲，表达自己的心意，培养自己的设计能力。

② 经过学习贺卡制作，进一步学习色彩、设计、制作等各种知识，促进学生的形象思维能力及动手实践能力发展。

③ 鼓励学生用照片、视频对制作过程进行记录；展板展示成果照片，发挥美术学科美育功能，培养学生的审美意识。

④ 培养学生热爱劳动的意识，帮助学生在实践中感知父母的养育之恩，养成感恩父母的美好品质。

四、案例准备

卡纸、海绵纸、彩笔、双面胶、卡纸剪刀、提前制作好的贺卡、收集好的精美图案。

五、案例实施

（一）感恩母亲

平凡而坚强的母亲，像缕缕阳光，陪伴着我们的成长，在我们伤心时给予关爱，在我们孤独时给予温暖，在我们迷茫时给予方向。母亲，是无私的；母亲，是世界上最伟大的人。

① 同学之间互相分享妈妈关爱与呵护自己的故事，如"是谁教导我们穿衣服吃饭？是谁每天陪伴自己成长？谁是最疼爱自己的人？"

② 引出主题"感恩母亲"，了解感恩的美好品质。

③ 讲述贺卡的意义在于表达人们美好的祝愿。

④ 小结：自己亲手制作的卡片更能体现自己的心意，父母会更加珍爱这份由孩子亲手制作的礼物。

（二）了解过程

① 从展示贺卡封面、贺卡主题、贺词内容入手讲解方法和步骤。通过投影、视频讲解如何制作贺卡。

封面展示

内容展示

② 讲解百合花贺卡制作步骤：首先把一只手放到纸上，另一只手拿笔沿着手指边沿画一圈，然后用剪刀小心剪下来，把它卷起来，包住一根扭扭棒。这样就做好了一朵可爱的百合花。我们可以准备3朵百合花，再从卡纸上剪出花盆，接着在海绵纸上剪蜻蜓，最后将它们如图所示组合在一起，百合花贺卡就做好了。

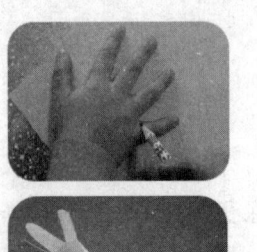

百合花制作

（三）动手制作

① 学生自己试制作贺卡，可以发挥自己的想象力制作卡片，也可以按照前面的模板制作。

② 选择喜欢的两种卡纸颜色。用其中一张卡纸做主贺卡，用另一张卡纸

剪裁喜欢的形状。

③绘图—上色—装饰—留言。

④小结：自己动手做的卡片是一种表达感恩的载体，在日常的生活中也可以多对父母表达爱意。

（四）成果展示

教师记录学生制作过程，同时利用班级展板宣传本次母亲节贺卡活动，激发学生的动手兴趣，及时肯定学生努力的过程。

六、案例评价

本次"制作母亲节贺卡"主题学习活动基于小学生能力与认知水平，评价方式采用过程性评价与成果性评价两种方式相结合的形式。

（一）过程性评价

	评价指标	个人自评 ☆☆☆	小组互评 ☆☆☆	教师评价 ☆☆☆
过程性评价	动手参与度			
	制作专注度			
	同伴互助合作度			
	创意创新度			
教师评语				签名： 年　月　日
评价说明	3颗☆：优秀　　2颗☆：良好　　1颗☆：继续努力			

（二）成果性评价

	评价主体	评价内容
成果性评价	教师、学生、家长	设"色彩搭配小能手""美观小能手""创意小能手"三种奖项，每位成员根据分解任务对阶段成果进行展示，教师点评，学生点赞投票，点赞最多者获得奖项

七、案例反思

劳动教育是手脑结合的课程，能让学生体会到自我教育的成就感。针对本次活动的不足，反思如下：

教学主体是学生，在课堂中应留给学生充分的思考与动手的时间，但由于教学示范时间较长，学生之间未能自由、充分交流，学生沟通提问环节也比较仓促，未能涵盖更多问题。

课上对百合花贺卡的制作进行了示范和讲解，但对学生来说，实操还是有一定困难，留给学生的操作时间及最终的成果无法保证，课后的练习还是有一定必要。

美味黄瓜我调制

——小学二年级劳动教育教案设计

张 玲

一、案例背景

（一）现实依据

新时代劳动教育服务于新时代对培养"全面发展的人"的迫切教育诉求，是落实"五育"并举教育方针的重要内容，是实现综合育人教育目标与价值的题中应有之义。中共中央、国务院印发的《关于全面加强新时代大中小学劳动教育的意见》中提出，首先，在时间安排上，小学阶段劳动教育在课时上每周不应少于一课时，可以设立劳动周，还可以利用寒暑假等组织学生进行集体劳动实践，促使学生形成良好的劳动习惯；其次，在实施途径上，除学校教育外，还应联合家长与社会共同培养，组织培养学生掌握一些常见的生活技能，积极参与社会性劳动实践；最后，在教学内容上，小学劳动教育分为低段和中高段，其中，低段的教育内容主要为劳动意识启蒙，让学生认识到劳动的重要性，能在日常生活中感知劳动、体验劳动。

（二）课程依据

目前我校二年级劳动教育课程使用的是由北京师范大学教材研究院组织

编写、深圳报业集团出版社出版的《劳动实践指导手册》，本教案选择手册活动三"美味凉菜我调制"这一专题，属于"掌握技能与应用"学习领域，食材准备简单，实践操作简易，过程快乐有趣，符合二年级学生喜欢动手实践、乐于分享劳动成果的学习特点。

二、案例描述

二年级的学生活泼好动，有强烈的好奇心、求知欲，乐于尝试新事物。部分学生在家里目睹过妈妈制作凉菜的过程，已经初步熟悉了一些制作凉菜的步骤，但可能实际操作机会较少。比如，对剥蒜、捣蒜泥、清洗黄瓜等缺乏操作经验，对各种调料的辨识和取量还存在一定盲点等。所以，在本课的学习中，学生首先要意识到不仔细剥蒜、不认真清洗黄瓜对健康的危害。其次，通过视频教学，认识捣蒜泥的工具、拍黄瓜的要领、调料的制备等。再次，根据教师的提示引导，学生初步使用小砧板、硅胶刀具、小捣杵等厨房工具准备食材，制作料汁。最后，让学生互相分享美食，品尝评价，谈谈自己的收获与体会。这样一来，学生在"理论学习"的基础上进行"实践"，就会学得更快、印象更深刻。此外，课程结尾讨论环节能使学生在不同口味的黄瓜凉菜中获得制备经验，为下一次动手操作提供自驱力与创造力。

三、案例目标

（一）总目标

本教案在进行活动设计时，重视学生基本劳动知识和技能的掌握，重在熏陶学生领悟"技近乎道"的劳动文化，引导学生形成勤俭、奋斗、创新、奉献的劳动精神，不断提升自身的劳动素养，乐思考、勤实践、善总结，在时间参与中体验劳动之乐、发现劳动之美、感受劳动的光荣和伟大。

（二）具体目标

① 学生通过视频学习、教师示范、同伴帮助等方式，了解制作凉拌黄瓜的食材准备，掌握制作凉拌黄瓜的步骤。

② 学生通过观看视频教学，模仿教师的示范操作，在教师巡视指导和同伴的互助过程中善于寻求帮助，积极动手实践，分工合作，掌握制作凉菜调料、洗菜、切菜、捣蒜泥的操作要领。

③ 培养学生爱劳动、讲卫生的习惯，引导学生树立劳动自信，教育学生在家做家长的好帮手。

四、案例准备

（一）教师准备

多媒体设备、黄瓜、大蒜、醋、盐、白糖、酱油、麻油等调味品，一次性手套、围裙、砧板、硅胶刀具、小捣杵、碗碟、筷子、抹布、洗洁精等工具。

（二）学生准备

黄瓜、大蒜、一次性手套、围裙、砧板、小捣杵、碗碟。

五、案例实施

（一）看一看，学一学

1. 播放哔哩哔哩《舌尖上的中国》之凉菜视频短片

同学们，在炎热的夏季，有蝉鸣、荷花、空调，当然还有凉拌菜。简单又美味的凉拌菜，让我们食指大动，胃口大开。今天，我们就来学习制作凉拌黄瓜，给家人露一手吧！

2. 播放清洗黄瓜和大蒜的教学视频

小朋友们，你们知道吗？凉拌黄瓜不仅美味，而且营养价值也很高，但是，如果不注意清洗食材，可能会带来很多细菌，影响我们的身体健康，导致我们腹痛、拉肚子等。所以，首先，让我们来了解一下如何正确地清洗黄瓜和大蒜。

出示小贴士：先穿好围裙，洗干净自己的双手。

（二）想一想，说一说

1. 播放拍黄瓜和切黄瓜的视频，播放捣蒜泥的视频

同学们，清洗好黄瓜和大蒜之后，我们需要把它们处理一下，首先是黄瓜，我们可以有两种处理办法：可以把黄瓜均匀地切成块、片、丝或者是你们喜欢的各种形状；可以把黄瓜用捣杵拍扁后再切。想一想，这样做会有什么好处呢？其次，剥蒜需要仔细，一定要把蒜皮上的杂质清理干净，用清水冲洗几次才可以用捣杵捣烂哦，当然，如果家里有破壁机的，也可以使用机器来完成，需要注意的是，破壁机内部有锋利的刀片，一定要在家长的看护下使用才可以哟！

2. 教师展示准备食材，介绍调料

同学们，制作凉拌黄瓜只有黄瓜和大蒜可不行，还需要加上各种调料，这样才能让凉拌黄瓜的味道变得更加美味。同学们猜猜看，有什么调料可以使凉拌黄瓜变美味呢?

刚才大家的建议都很不错,现在老师这里给大家准备了一些调料,我来考考大家是不是都认识它们。

大家先来观察这两样长得特别像的东西,都是黑黑的,一瓶是酱油,一瓶是陈醋。我们除了可以根据商标标识辨认它们,还可以怎么区别呢?

大家再来观察这两样白色的东西,它们的颗粒大小有区别对吗?一个是糖,一个是盐,这个我们可以怎么区分呢?

同学们都非常聪明有经验,在厨房里面,我们可以通过眼看、鼻闻、口尝等方式来区分调料,但是,在陌生的环境中或者是不太熟悉的区域中,千万不能随便把东西往嘴巴里送,这非常危险,有些化学物品长得和我们的调料很像,却有严重的腐蚀性和伤害性,大家平时一定要注意这点。

(三)动一动,做一做

1. 教师亲身示范操作步骤

① 穿好围裙,清洗双手,戴上一次性手套。

② 剥蒜,清洗蒜瓣,清洗黄瓜,用碗碟盛好备用,清洗好砧板,准备好捣杵、硅胶刀具。

出示小贴士:要保证凉拌菜的新鲜与卫生,食材要清洗干净,厨具要生熟分开,防止污染。

③ 将蒜瓣用捣杵捣成泥状放入一个碗碟备用,用硅胶刀将黄瓜切成喜欢的形状放入碗碟。

出示小贴士:切菜姿势为一只手的指关节弯曲,用中指第一个突出的指关节顶住刀面,让指尖和刀锋有一定的距离;另一只手紧握刀柄,刀面向外倾斜。可以先把体积较大的原料切成较大的块或者条,再切成小块。

④ 制作料汁,在一个碗碟中倒入酱油、醋、白糖、盐、麻油、蒜泥少许,用筷子搅拌,品尝后根据需要调整口味,之后将适量料汁倒进盛黄瓜的碗碟中,用筷子搅拌均匀,静置一分钟即可品尝。

出示小贴士:醋是凉拌菜的主要调味品,过早加入醋,会使绿色的蔬菜变黄,最好最后再放。

⑤ 清洗砧板、碗碟、捣杵、筷子、硅胶刀具等,将食物残渣清洗干净,倒入班级垃圾桶,只留一碗成品。(学生已经学习过清洗碗筷的相关内容,进一步复习)

2.学生动手实操，教师巡视帮助

同学们，现在让我们一起动手，以四人为一个小组，按照老师刚才介绍的五个操作步骤，制作一份凉拌黄瓜吧，让我看看谁是小厨神！

出示小贴士：合理分工，互帮互助，珍惜水资源，使用刀具要小心，碗碟等易碎，使用时务必小心，杜绝浪费。

（四）尝一尝，评一评

① 各组选一个代表品尝其他组的美味黄瓜，依次打分。

② 给排名前三的小组颁发"小厨神"奖状，剩余小组颁发"小厨师"奖状。

③ 各小组成员可以自由"流水吃席"，夸一夸不同小组美味黄瓜的优点，提出值得改进的地方，互相借鉴学习，汲取经验。

出示小贴士：凉菜要一次性吃完，剩菜要倒掉。

④ 清洗全部碗碟筷，整理收拾班级卫生。

⑤ 教师总结：同学们，在今天制作美味黄瓜的过程中，你学会了哪些本领和小技巧呢？快和大家分享一下，把自己的收获记录下来。回家之后可以举一反三，学习更多凉菜的制作方法，如凉拌海蜇皮、凉拌藕片等，给长辈们制作一份你最满意的美味凉菜吧！

家庭任务剪影

六、案例评价

如何让二年级的小学生切实感受到学会劳动知识的快乐，认识到掌握劳动技能的重要性，保持对劳动实践的参与热情？笔者通过了解教材、学情和指导思想，设计了本堂课，认识到：在劳动教育过程中，教师以身作则、以身示范，学生会更加积极地参与动手实践，师生一同感受劳动，既可以保证劳动教育的有效展开，也让师生之间有了"甘苦与共"的情谊，对形成健康和谐师生关系助力无限。本课制作凉菜是大部分小学生平时没有操作过的,就算会,也会觉得枯燥乏味,如何激发他们的学习欲呢?上课初,我用《舌尖上的中国》视频吸引他们的眼球,接着又让他们观看了食材卫生健康的视频,让学生在视频中记忆操作要点。

七、案例反思

劳动教育重在实践,既要增加学生相关的劳动知识与间接经验,又要提升学生的劳动兴趣,推动学生产生自驱劳动的直接经验,培养健康的体格与坚忍的劳动意志。本课在传统的凉拌黄瓜制作上进行了一些创新设计,如黄瓜的切法形状、口味等,让学生感受到"学着好玩,学着有用"。

劳动教育离不开家校共育,学生获得的劳动知识只有在现实生活中产生有效作用才有意义,家庭是学生参与劳动的延伸空间,父母的支持与建议可以给予孩子信心,帮助孩子进一步感悟劳动的内涵、精神与价值。本课的总结环节布置了回家为长辈制作创意凉菜的任务,培养学生勤于思考,勇于创新、热爱动手的好习惯,在课后延伸部分,进一步增加学生的劳动实践体验,使其感悟劳动精神。

亲身践行,美食丰盈

——"煎出喷香荷包蛋"教学案例

何宛儿

一、案例背景

(一)现实依据

在新时代背景下,劳动教育注重加强对学生劳动意识和能力的培养,提高学生的劳动素质,对学生的成长和国家的发展意义深远。

2022年,《义务教育劳动课程标准（2022年版）》新鲜出炉,其中详细提出了我们要培养德智体美劳全面发展的学生,完善了培养目标,优化了课程设置,强化了每个年级的合理衔接,并细化了实施的要求,按学段进行了任务群的安排。《义务教育劳动课程标准（2022年版）》细化了十个任务群,致力于让学生在学校、家庭积极开展劳动实践,提升自身的自理能力。而"烹饪与营养"则是劳动教育课程中必不可少的重要任务群之一。

（二）课程依据

"民以食为天",在如今快节奏的社会中,对许多人来说,"烹饪"成了一件困难事,更别提还要带上"营养"二字。因此,《义务教育劳动课程标准（2022年版）》中,划分了每个学段需要学习的家庭烹饪技能和要求,每个学段之间相互衔接。

第一学段（1~2年级）,参与简单的家庭烹饪劳动,如择菜、洗菜等；

第二学段（3~4年级）,学会做凉拌菜、拼盘,学会蒸、煮的方法,如加热馒头、包子,煮鸡蛋、水饺等；

第三学段（5~6年级）,做2~3道家常菜,如西红柿炒鸡蛋、煎鸡蛋、炖骨头汤等,还要会设计营养食谱；

第四学段（7~9年级）,能设计一日三餐的食谱,独立制作午餐或晚餐中的3~4道菜等。

二、案例描述

在一、二年级的劳动教育衔接背景下,三、四年级学生动手操作能力加强,能够积极主动地参与家庭烹饪活动,能够帮助父母完成简单的烹饪活动,有了一定的生活经验和动手操作能力,再加上美食天然的诱人"滤镜",他们往往积极主动,对参与烹饪劳动有比较强烈的操作、参与欲望,但对一些进阶的工具的使用方法和烹饪方法还不太了解。因此,我们以"亲身践行,美食丰盈"为主题开展劳动教育,引导学生掌握蒸、煮、炒的烹饪方法,使用适合的烹饪工具进行操作,培养学生乐于劳动、营养烹饪的基础技能和珍惜粮食的观念。

三、驱动问题

（一）提出问题

烹饪与生活自理自立息息相关,学做饭,是学生学习照顾自己、照顾家人，培养自理能力的最好方式，从选菜、择菜、洗菜到搭配、烹饪，学生亲历做饭的全过程，进一步明白饭菜来之不易，粒粒皆辛苦。因此，本节课将以"如何煎出喷香的荷包蛋？"作为主要驱动问题展开教学和指导。

（二）分解问题

① 学生对厨房燃气阀门及灶台阀门的认识有多少？能否打开和关闭燃气阀门及灶台阀门？

② 如何煎出比较完整的荷包蛋？

③ 如何用蔬果与荷包蛋进行摆盘？

四、案例目标

（一）总目标

通过本次活动，引导学生了解煎荷包蛋所需要的食材配料，以及使用厨具，了解和认识厨房燃气阀门及灶台阀门，能够掌握煎荷包蛋的技巧和方法步骤，学会简单摆盘并能整理厨房。学生能够懂得父母家人的辛苦付出，也能在学习烹饪的过程中感恩、关心父母，培养家庭小主人的意识和责任感，珍惜劳动成果。

（二）具体目标

① 实物展示，学生了解煎荷包蛋所需要的食材配料和厨具，通过观看视频和教师示范活动学习煎荷包蛋的步骤，学会煎荷包蛋。

② 小组操作学习，通过投屏活动展示过程，引导学生实际操作煎荷包蛋。

③ 学生通过生活实践，收获煎制荷包蛋的幸福感，懂得感恩父母、珍惜粮食，培养学生家庭小主人的意识和责任感，珍惜劳动成果。

五、案例实施

（一）实物展示，激发兴趣

教师出示厨房配料和用具（油、盐、酱油、硅胶铲），PPT出示煤气阀门和灶台图片，提问：同学们，你们知道这些都分别是什么吗？它们的功能分别是什么？

学生回答，教师总结并拿出鸡蛋：你们知道有什么美食和鸡蛋有关吗？

学生回答，PPT展示西红柿炒蛋、鸡蛋羹、鸡蛋饼、荷包蛋等图片。教师：没错，鸡蛋美食千千万，今天学习荷包蛋。今天我们就来学习如何煎出金黄喷香的荷包蛋吧！要知道荷包蛋可是古时候的宫廷美食呢！

介绍荷包蛋起源：相传古时候御膳房的御厨为了讨皇上喜欢，就按照水中的荷花做了荷包蛋。正宗的荷包蛋，外形酷似荷花，里面的蛋黄和莲蓬很像，外皮清脆，因此叫荷包蛋。

（二）方法指引，学习步骤

1. 学习点火

要想煎制荷包蛋，第一步，了解并学会打开燃气阀门及灶台阀门，能点着火。播放视频，展开手势教学。

燃气阀门：横为关，向右扭成竖的方向，与管道平行，即打开了燃气阀门。用完燃气后需要及时关闭。

灶台阀门：向下按压，向图标方向扭转，定1~2秒后松手，就能打着火了。

2. 了解不同锅具煎鸡蛋的区别

PPT出示视频：不粘锅和普通锅。

学生观察不同，教师总结：不粘锅适合新手，使用的油较少；普通锅对火候的掌握要求较高，使用的油较多。

3. 学习煎荷包蛋步骤，教师示范并讲解

① 学会清洗鸡蛋：同学们，煎荷包蛋前，要将鸡蛋用水清洗一下，去除鸡蛋表面附着的污渍和灰尘，保证食材干净。

② 锅中热油：打开灶台阀门，点着火后，用中火热锅，注意锅中不要残留水分。在不粘锅中倒入适量的油，轻轻转动不粘锅，让油得到充分加热。

③ 打鸡蛋：将鸡蛋轻轻在碗边磕出一条缝，双手捏住两端，大拇指轻轻按压打开鸡蛋，让鸡蛋液通过打开的裂缝流进锅中，开小火煎。也可以提前将鸡蛋打在碗里，油热后直接倒入锅中。

④ 煎荷包蛋：中小火煎荷包蛋，用硅胶铲轻轻将边缘散落的蛋清往里聚拢，尽量形成一个完整的圆，这时不要翻动荷包蛋，等荷包蛋的边沿呈现金黄色，成型后用硅胶铲插入荷包蛋的底部，可以使用筷子辅助，将荷包蛋迅速翻面。翻面后也不要去挪动荷包蛋，小火持续煎2分钟左右，滴入几滴酱油调味，确认是否熟了，可以用筷子轻轻插入蛋黄位置，若已凝固就是熟了，然后用硅胶铲将荷包蛋铲出装盘。

⑤ 煎完荷包蛋，要记得及时关闭燃气，整理厨房。

⑥ 荷包蛋摆盘：上一节课我们已经学习过水果拼盘，可以利用上一节课的知识将荷包蛋与蔬果进行拼盘。

（三）实践操作，小组交流

1. 学生总结煎荷包蛋的步骤，教师适当补充

2. 实战演练，煎荷包蛋

同学们都看得非常仔细，现在就是我们的实际操作环节了，同学们进行小组讨论，推选出两名代表参与操作。

① 每个小组派出两名代表，按照煎荷包蛋的步骤完成实操。

小组代表煎荷包蛋（1）

② 教师通过投屏展示小组代表操作情况，其余学生观看。

小组代表煎荷包蛋（2）

③ 教师在一旁观察并指导。

煎的时候发现蛋白边缘过度焦糊，需要迅速调整火候，必要时可以暂时离火操作，冷却一下油温。

（四）评价激励，品尝美食

1. 成果展示

小组代表将制作好的美味荷包蛋向同组同学展示，并分享自己觉得有趣或比较困难的地方、在操作时要注意的关键点。教师：你们在操作过程中觉得什么地方是比较难的，需要提醒其他同学的呢？

2. 师生共评

每个小组展示自己完成的煎蛋后，教师拍照上传。同学们，刚刚你们也看了每个小组的实操过程，你们觉得哪个小组煎制荷包蛋的过程是最完善的？哪个小组的荷包蛋更好看，哪个更诱人呢？说说你们的看法。

3. 教师总结

A小组在打鸡蛋前清洗了鸡蛋，避免了鸡蛋表面灰尘落入锅中；B小组在煎鸡蛋过程中还会适时添加调料，让荷包蛋更具风味；C小组煎完荷包蛋之后及时关火，并整理了桌面，保证了环境的整洁……你们观察得真棒，这些都是我们之后在家里煎制荷包蛋时需要注意的地方。

4. 学生品尝

① 小组内成员品尝自己小组代表制作的荷包蛋，感受美食带来的快乐和成就感。

学生分享美食

② 小小点评家：说说这个荷包蛋味道怎么样。

（学生：太好吃了！我还想再来一个！）

（学生：老师，酱油！没有酱油没有灵魂。）

总结：同学们发现自己做的荷包蛋又好看又好吃，主要是因为我们用自己的双手创造出了劳动成果，是亲身实践、付出汗水和努力才得到的果实，这样的果实才是最甘甜最美味的。希望同学们在家里也能够主动地参与烹饪，用我们课堂上学习到的劳动知识给家人做一道香煎荷包蛋的美食，让每天为我们辛苦做饭的爸爸妈妈尝尝我们的手艺吧！当然，你也可以开发出更多的关于鸡蛋的美食哦，亲身践行，美食丰盈！

学生在家自己尝试煎荷包蛋

六、案例反思

这一次"煎出喷香荷包蛋"的教学过程，全程以学生为主导，以探究实践性学习为主要教学策略，注重学生的实际操作，紧紧围绕学习煎荷包蛋步骤的教学目标，在课堂上展开劳动实践，激发学生的劳动兴趣和热情。在这个背景下，激励学生主动参与劳动，并通过品尝自己和他人的劳动成果，获得劳动之后的幸福感和满足感，培养了学生积极劳动、热爱劳动的意识，提高了其动手能力和烹饪技巧，有利于学生在家庭生活中积极地参与烹饪劳动，激发其对家庭劳动的责任心，引导学生主动承担家庭劳动，成为家庭小主人。

当然，在活动的过程中也存在一些不足。例如，课堂上时间不够充足，无法让每个同学都参与进来，部分同学参与感较弱，教师应积极巡视引导，可以通过品尝或点评增加其参与感。

营养午餐我来做

——六年级家务劳动教育案例

贾翠杰

一、案例背景

（一）现实依据

《义务教育劳动课程标准（2022年版）》主张以丰富开放的劳动项目为载体，有目的、有计划地组织学生参加日常生活劳动、生产劳动和服务性劳动，让学生动手实践、出力流汗，接受锻炼、磨炼意志，培养学生正确的劳动价值观和良好的劳动品质。要求劳动课程平均每周不少于1课时，用于进行活动策划、技能指导、练习实践、总结交流等。我校劳动课程安排在周五下午，这样可以利用周末时间，学生有条件进行家务劳动体验。

（二）课程依据

（5~6年级）任务群2　烹饪与营养

内容要求：用简单的炒、煎、炖等烹饪方法制作2~3道家常菜，如西红柿炒鸡蛋、煎鸡蛋、炖骨头汤等，参与从择菜、洗菜到烧菜、装盘的完整过程。能根据家人需求设计一顿午餐或晚餐的营养食谱，了解不同烹饪方法与食物营养的关系。

素养表现：能进行家庭餐食的设计和营养搭配，并掌握简单的烹饪方法。初步养成营养搭配和健康饮食的习惯，具有食品安全意识。树立乐于为家人服务的劳动观念，初步形成家庭责任感。

二、案例描述

周末，许多家长精心做饭，但是学生不喜欢吃。民以食为天，吃饭问题若不妥善解决，将直接影响家庭氛围。如何让学生体会家长做饭的辛苦？学生自己能否做出一桌美味可口的饭菜呢？"营养午餐我来做"劳动活动，通过买菜、择菜、洗菜、做菜等一系列实践操作，引导学生通过直接体验和亲身参与，将劳动课堂中所学的知识运用到实践生活中，在做中学、学中做，让学生体验生活、享受生活，在辛勤付出的过程中体验收获的快乐，初步掌握基本的家庭饮食烹饪技法，能制作简单的家常餐，促进学生学习劳动技能，培养其吃苦耐劳、持之以恒、珍惜劳动成果的劳动观念和劳动品格，增强生活自理能力和家务劳动能力，培养家庭责任感。

三、案例目标

（一）总目标

体验劳动的艰辛和快乐，感悟劳动成果来之不易，珍惜劳动成果，能综合运用多学科知识和多方面经验解决劳动中出现的问题，养成吃苦耐劳、持之以恒的品质。

（二）具体目标

① 初步掌握基本的家庭饮食烹饪技法，学会制作简单的家常餐。

② 具有食品安全意识：选择食用安全的食品，煮熟煮透食物，厨房保持清洁等。

③ 增强生活自理能力和家务劳动能力，关爱家人，初步具有家庭责任感，了解家人的饮食习惯、喜好，主动分担家务。

四、案例实施

（一）前期准备

制定营养食谱。

"营养午餐我来做"设计表

人员及喜好	爸爸：喜欢吃牛肉；妈妈：喜欢吃青菜；我：喜欢吃鱼；弟弟（幼儿园）：喜欢喝鸡蛋汤			
菜谱	菜名	牛肉炖土豆	炒空心菜	清蒸鲈鱼	西红柿鸡蛋汤
	步骤	1. 切 2. 炖 3. 装盘	1. 择菜 2. 清洗 3. 蒜炒	1. 清洗 2. 蒸 3. 浇油	1. 切西红柿 2. 搅拌鸡蛋 3. 烧水煮汤
计划支出费用	200元	实际支出费用	187元		
计划耗时	2小时	实际耗时	3小时		

（二）实施过程

1. 买菜的苦与乐

有的同学喜欢买菜，因为可以买自己喜欢的菜品，喜欢吃鸡翅就会买很多鸡翅，喜欢吃牛肉就买很多牛肉……喜欢热闹的同学也喜欢去菜市场买菜，那里摊位众多，买菜的人、卖菜的人，来来往往，夹杂各种吆喝声，很热闹。菜品丰富，东看看，西看看，不知不觉时间就过去了。看到新鲜的，价格满意的就买了很多菜，感觉很有成就感。当然，也发现很多菜不在自己计划里，那样就打乱了食谱，再根据已有的菜类，及时调整食谱，提高自己的应变能力。

痛并快乐着。买菜也有苦恼：同一种蔬菜，还有好多品种。比如：豆角，有长豆角、四季豆、扁豆角、豇豆等；蘑菇，有金针菇、平菇、姬菇、草菇、香菇、猴头菇、双孢菇等。有的名字充满诗意，有的名字充满乡土气息，有的名字奇葩有趣，真是集合了广大劳动人民的智慧。

买菜可以训练我们的记忆力和观察力。要记住菜名，要用眼看新鲜度、用手摸硬度、用鼻子闻气味。不买颜色异常的蔬菜，新鲜蔬菜不是颜色越鲜艳越好；不买形状异常的蔬菜，有的蔬菜由于使用了激素物质，会长成畸形；不买气味异常的蔬菜，有些不法商贩为了使蔬菜更好看，会用化学药剂如硫、硝等进行浸泡，这些物质有异味，而且不容易被冲洗掉。

买菜要有预算，买到物美价廉的菜就更好了。买好菜，还要有体力拿回家。

2. 择菜、洗菜有技巧

择菜：摘出可食用的部分装进菜筐里，不可食用的部分放入厨余垃圾桶。不同的菜有不同的择菜方法。

菜叶类：去掉老叶、黄叶和烂叶，留下新鲜菜叶。

豆角类：掐头去尾，撕掉两侧的老筋，过长的豆角切成段。

瓜果根茎类：刨皮，去籽。去掉发芽的根茎。

辅料类：葱、姜、蒜，去除腐烂、变质部分。

洗菜：先将青菜的叶掰开，用水冲洗，把泥土灰尘冲掉。浸泡，溶解残留农药，再用清水冲洗干净（瓜果类要去皮）。

3. 切菜的功底

蔬菜的基本切法：切丝、切片、切段、切滚刀块、切花、切末。

肉的基本切法：切片、切块、切丝；顺纹切，逆纹切。

切菜姿势：不能站得太直，一是视线不对，看不到菜；二是手使不上劲。要两腿分开站立，降低自身的高度，身体微微前倾，同时和案板保持一定的距离，这样视线正好在食物的正上方，便于观察。肩膀要放松。一手握住刀，一手按住食材，不可以两只手拿刀切菜，那样菜不稳定会滑落或滚动。

注意：切菜工具荤素分开，生熟分开；案板分肉类和青菜类，分开使用刀具。

4. 炒菜的惊险刺激

（1）普通青菜类

先将菜品切好备用，一般先将葱末姜末爆香，再放入最硬的食材，快火爆炒1~2分钟，再放入清脆、质地软容易炒熟的蔬菜，最后加入调味品，临出锅时，或放少许香醋，或淋少量香油，或撒上一小撮香葱末，目的都是给菜肴增香增色。

蒜蓉空心菜制作过程

示例：蒜蓉空心菜

1）空心菜先切好备用，蒜头拍碎切成蒜泥备用；

2）锅里加入适量食用油，油热后先加蒜泥爆香；

3）蒜泥推到油锅一侧，先加入空心菜梗大火爆炒1分钟左右，炒至颜色明显变成翠绿；

4）然后加入空心菜叶一起翻炒1分钟左右，加适量盐翻炒均匀，收汁装盘即可。

（2）肉类家常菜

肉类的家常菜，炒菜时要用中火炒，葱末姜末爆香，再放入肉类翻炒到变色，可以加入适量的料酒、米酒或者白酒，目的是最大程度去除肉类的腥味。剩下的就按照炒素菜的方式放入其他食材，最后再进行调味就可以了。

炒菜环节，学生实操的较多。对于开火、放油环节，很多学生都有畏惧心理，尤其是厨房新手，菜下锅，听见噼里啪啦的声音，生怕油溅出锅外。要帮助他们消除恐惧心理，让他们知道油外溅的原因：锅里有水未干；食材

（蔬菜）清洗过程中，滞留水分；锅铲上沾有水；火候大，油温高；等等。所以，炒菜时，要控干食材、锅铲、锅。出现烫伤，会简单处理。

示例1：牛肉炖土豆

1）切牛肉。牛肉逆着切易腌制，口感多汁。一般逆着切牛肉，牛肉肉质气孔易散开，在腌制时比较容易入味且吸收汁水，之后在快炒的过程中自然能保留更多水分和嫩度，吃着入味多汁。因为牛肉本身肉质很紧实、水分少，顺着切牛肉，肉质依旧是紧实的，而这样下锅牛肉会因为瞬间遇热而马上再次紧缩，导致肉质二次紧实，压根无法炒软，出锅后口感上也会非常柴老，并且难嚼。

2）切土豆块。清洗去皮，先把土豆拦腰切开，变成两个短粗的大块；然后把每个短粗大块切开等分（或分3份，随你想要的大小），这样得到近似于长方体的粗土豆条；再把每个土豆条切成小段。

3）牛肉切小块泡水，土豆切块泡水，葱切段，姜切片，蒜去皮压碎，八角掰开。

4）牛肉入冷水锅和葱、姜、蒜、料酒一起焯水，变色时捞出洗净备用。

5）锅中倒入新油，爆葱、姜、蒜、八角，倒入牛肉翻炒出油后，加入料酒去腥、老抽上色。

6）加入土豆翻炒，一次性倒入没过肉块的开水，倒入剩下的佐料，大火烧开后转小火炖煮。

7）炖煮20分钟后，盖上锅盖焖煮，其间搅动两三次避免糊锅。

8）牛肉和土豆都炖至软烂，汤汁逐渐变得浓稠即可出锅装盘啦！

牛肉炖土豆制作过程

示例2：清蒸鲈鱼

1）鲈鱼洗净，两面打花刀。

2）可以用盐抹鱼身，将葱姜丝码在鲈鱼上（也可以放入鱼肚子里），淋入1勺料酒，腌制10~20分钟。

3）锅中水烧开，将鱼盘放入蒸锅内，大火蒸8分钟左右，关火，焖5分钟。

4）夹出葱姜丝，倒掉蒸出的水。

5）淋入2勺蒸鱼豉油，码上细葱丝儿。

6）另取锅热油，油热后浇在细葱丝上，点缀香菜和红椒圈即可。

清蒸鲈鱼制作过程

（3）家常汤

示例3：西红柿鸡蛋汤

1）先将鸡蛋打入碗中并搅散，西红柿切成块，葱切片备用。

2）锅中倒入油，爆香葱，放入西红柿翻炒。

3）放入开水煮几分钟，等到汤变成西红柿的颜色。

4）沿着顺时针或逆时针方向倒入蛋液，出锅前倒入香油即可。

5）把做好的鸡蛋汤放入碗中，放入香菜或者是葱花。

5. 展示成果与点评

成果展示，注意装盘，首先从感观上获得品尝者的好感。可以介绍这顿饭为何确定这些菜品，比如爸爸喜欢吃牛肉，妈妈喜欢吃青菜，自己喜欢吃鱼……可以让家人知道你对他们的关爱，知道他们的喜好。

6. 清洁整理

① 餐后的整理、清洁工作，主要有碗盘的清理、餐桌的清理、地面的清理、厨房的清理。

② 收拾残羹剩菜，能将垃圾进行分类投放。

五、案例评价

（一）过程性评价

评价指标		个人自评 ☆☆☆	家人评价 ☆☆☆	教师评价 ☆☆☆	小组评价 ☆☆☆
劳动态度：积极参与					
劳动知识与技能	具备劳动知识				
	能正确使用劳动工具				
	操作熟练				
劳动过程与方法	菜谱制定明确				
	能统筹规划时间				
评价说明	3颗☆：优秀		2颗☆：良好		1颗☆：继续努力
活动中遇到的困难是什么？如何克服的？					
活动中自己满意的地方是什么？					
活动中印象深刻的是什么？					

（二）结果性评价

	评价主体	评价内容
成果性评价	教师、学生、家长	设"最佳刀工奖""最佳烹饪奖""最佳创意奖""最佳风味奖""厨艺小达人"等奖项，每个小组成员根据分解任务对阶段成果进行展示，教师点评，学生点赞投票，点赞最多者获得奖项

六、案例反思

（一）发挥教师的指导作用

劳动内容的选择，要从学生的生活出发，确定具体明确的学习主题，课前可以进行调查访谈、观察记录等活动，引导学生做好相关准备，有利于激发学生参与的积极性。比如，在本课开始前，可以调查学生会做哪些菜、不会做哪些菜、想做哪道菜、从哪里学做菜。建议学生多观察家人做饭，多问不懂得地方，这样有利于加强家庭成员的沟通，促进交流，加深家庭情感。课堂中，由于场地、用具材料的局限，部分劳动活动采取模拟活动的形式，我们要调动学生的兴趣，要求全体学生参与，不能只由少部分能力强的学生把控局面，可以通过调查、撰写研究报告和劳动记录表等形式，引导学生探究劳动过程中遇到的问题、解决的措施，记录获得的体验，关注劳动过程，而不是劳动呈现的结果。

（二）争取家长的配合，促进劳动教育的开展

作为家长，首先要肯定孩子。肯定孩子积极主动的劳动态度，例如"长大了，能帮爸爸妈妈做饭了"，并且能够从家人的喜好出发，做一桌可口的饭菜，说明学会了关爱家人，深感欣慰，希望今后更多地参与家务劳动，提高孩子的动手能力，学习生活技能，相信会做得更好！

其次要向孩子传授相关的劳动技能，当孩子在厨房忙碌时，可以一起参与劳动，通过交流厨艺，增进亲子间的情感，拉近距离。尤其是孩子在操作过程中遇到困难时，要及时给予指导。比如：切菜环节中，注意刀具的使用，坚硬的食材如何切，柔软的食材如何切；炒菜时，注意火候的把握，热锅冷油炒菜；晚些时候适量或少量放盐；炒菜时要专心，不能离开厨房，防止油锅过度燃烧引起事故；等等。

（三）鼓励孩子积极主动参与家务劳动

在劳动过程中，感受到了劳动的辛苦与乐趣，体会到了家人的辛苦，从而懂得体谅家人，学会珍惜别人的劳动成果。体会到做家务劳动的好处，正确认识劳动的重要性，有助于培养良好的生活习惯、吃苦耐劳的优秀品格，形成正确的劳动态度。通过基本的家务劳动，他们的双手和大脑可以协调发展，刺激脑细胞，促进脑细胞的发育成长，使自己更聪明。

在劳动中收获劳动知识和技能。通过买菜、择菜、洗菜、炒菜等环节，发现生活时时处处皆学问，都有技巧。仔细看、动嘴问、勤思考、多动手等，能学会很多家务劳动，提高劳动效率，获得成就感，提高生活技能，增强自信心，为成年后的生活打下良好基础。

欢欢喜喜迎新年

李 晗

一、案例背景

美好的寒假生活伴着春节的脚步渐渐到来。百节年为首，春节虽定在农历正月初一，但春节活动却并不只在正月初一这天进行。从年尾小年起，人们便开始"忙年"：祭灶、扫尘、购置年货、贴年红、洗头沐浴、张灯结彩等，所有这些活动，有一个共同的主题，即"辞旧迎新"。春节是个除旧布新的日子，也是欢乐祥和、阖家团圆的节日，也是人们抒发对幸福和自由的向往的狂欢节和永远的精神支柱。那么，作为新时代的少年儿童，该如何和家人一起用勤劳的双手迎接这即将来临的新年呢？我们此次寒假活动也围绕这即将到来的新年展开，旨在让孩子们不只会吃喝玩乐，更重要的是在潜移默化中开展劳动教育、领悟传统文化内涵，"欢欢喜喜迎新年"的主题就这样应运而生了。

二、案例目标

（一）总目标

结合学生的身心特点，让学生立足生活，在劳动实践中体会劳动价值，感受家庭温馨，继承优良传统，投入创意制作，培养动手实践能力，养成良好习惯。

（二）具体目标

① 培养学生的动手实践能力，能正确使用劳动工具、掌握基本的劳动技能，体会劳动带来的快乐和价值。

② 引导学生在劳动实践中提高解决问题的能力、审美鉴赏能力、思维创新能力，并能够将劳动所得以多种形式记录下来。

③ 引导学生在体验中寻觅年味，形成正确的劳动观念、养成良好的劳动习惯；了解中华民族的传统文化，培养学生的爱国主义情感。

三、案例实施

基于活动目标，在设计主题时我们围绕传统年味儿活动及四年级学生学情进行主题设计，具体安排如下：

（一）扫旧尘：祈来年清吉

1. 小知识

新年前夕有"二十四，扫房子"的习俗。这就是年终大扫除，家家户户都要打扫房子，清洗各种器具，拆洗被褥窗帘，到处洋溢着欢欢喜喜搞卫生、干干净净迎新春的欢乐气氛。

2. 动动手

了解扫尘习俗，和长辈一起进行过年前的卫生大扫除，可以剪窗花、贴春联、摆花卉，以亮丽的家庭环境迎接新年。

3. 作品呈现

用拍照、录视频等方式记录劳动过程。

扫旧尘：祈来年清吉		
活动内容	自我评价	他人评价
扫地拖地	☆☆☆☆☆	☆☆☆☆☆
收拾厨房	☆☆☆☆☆	☆☆☆☆☆
整理房间	☆☆☆☆☆	☆☆☆☆☆
拆换床褥	☆☆☆☆☆	☆☆☆☆☆
换洗窗帘	☆☆☆☆☆	☆☆☆☆☆
布置环境（贴窗花、贴春联、摆放花卉等）	☆☆☆☆☆	☆☆☆☆☆

（二）办年货：图鸿运彩头

1. 小知识

备年货、送年礼是过年必备活动。吃的、穿的、戴的、用的、贴的（年红）、送的（拜年礼物）等，统称为"年货"，而把采购年货的过程称为"办年货"。

2. 动动手

上网收集资料，明晰过年需要置办哪些物品；制作一份年货清单，和家长一起购置年货。

3. 作品呈现

① 手绘一张年货清单，纸张标准为A4纸；

② 拍下年货或购买年货的过程图片。

办年货：图鸿运彩头		
活动内容	自我评价	他人评价
自选年货、制作清单	☆☆☆☆☆	☆☆☆☆☆
购买年货（吃食、新衣、年红等）	☆☆☆☆☆	☆☆☆☆☆

（三）年夜饭：贺吉庆有余

1. 小知识

年夜饭，又称"年晚饭""团年饭"等，特指岁末除夕的阖家聚餐。年夜饭源于古代的年终祭祀，拜祭神灵与祖先团圆聚餐。年夜饭是年前的重头戏，不但丰富多彩，而且很讲究寓意。席上一般有鸡（寓意吉祥如意）、鱼（寓意年年有余）、腐竹（寓意富足）、生菜（寓意生财）、腊肠（寓意长久）等以求吉利。

2. 动动手

了解年夜饭的必备菜品；参与制作年夜饭，陪同家人一起挑选食材、购买食材，并制作一道拿手好菜呈现在年夜饭的餐桌上。

3. 作品呈现

手绘一张年夜饭的手抄报，以图画、文字相结合的形式介绍年夜饭的菜肴、寓意等。纸张标准为A3纸。

年夜饭：贺吉庆有余		
项目内容	自我评价	他人评价
挑选食材	☆☆☆☆☆	☆☆☆☆☆
购买食材	☆☆☆☆☆	☆☆☆☆☆
清洗食材	☆☆☆☆☆	☆☆☆☆☆
制作菜肴	☆☆☆☆☆	☆☆☆☆☆
美味可口	☆☆☆☆☆	☆☆☆☆☆

（四）养绿植：盼年年好运

1. 小知识

新春佳节，绿植鲜花是不可缺少的，能给人们带来好的景象，为美好的生活增添无限闲趣，也有着美好的寓意，如金橘象征大吉大利，桃花象征大展宏图（桃），水仙象征富贵吉祥等。

2. 动动手

查找年宵花的相关资料；购买或种植一盆绿植或鲜花，精心养护它。

3. 作品呈现

录制视频介绍年宵花或拍照记录自己种下的植物的生长过程。

养绿植：盼年年好运		
项目内容	自我评价	他人评价
挖坑播种	☆☆☆☆☆	☆☆☆☆☆
浇水施肥	☆☆☆☆☆	☆☆☆☆☆
翻松泥土	☆☆☆☆☆	☆☆☆☆☆
除草除虫	☆☆☆☆☆	☆☆☆☆☆
精心养护	☆☆☆☆☆	☆☆☆☆☆

因本次活动的时间安排在寒假，特别要注意的是，必须充分借助家长，积极引导家长配合协助。例如：开展劳作活动，需要家长关注学生安全；收集资料时，需要家长指导，或带领孩子到图书馆查找相应资料，或控制提高上网效率；制作活动成果时，需要家长拍摄、记录过程……活动中，父母适时的参与和引导，不但能保障学生活动安全，而且能提高活动效率，事半功倍，更重要的是，还可以增进亲子关系，加强家校之间的联系，从而形成真正的教育合力。

除了寻求家长协助，各班指导教师也需要及时利用网络平台，加强活动过程中的有效指导。寒假作业布置之初，能否对学生进行有效的跟踪、指导，能否加强小组成员之间的合作，能否调动学生个体参与的积极性，成了本次活动成功与否的关键所在。因此，在涉及具体方法指导时，可以及时利用网络进行沟通、交流，如活动照片、视频、收集的文字信息等可直接通过网络相互传送，遇到问题及时寻求教师和组员的帮助等。如此一来，节假日时的学生活动也能在明确的指导和团队的合作下按时保质完成。

四、案例评价

寒假结束，班级小组及时收集、存档学生的成果资料并进行展览和评比。

（一）过程性评价

开学第一周开展以"我的寒假生活"为主题的班会课，对活动开展情况进行自我评价、组内互评及班级评价。班级内对同学们的作品进行民主评比，分别评选出一等奖三名、二等奖五名、三等奖十名，颁发奖状和奖品。

开学第二周策划一期以"我的寒假生活"为主题的展板评比活动，在校内或班级里的各宣传专栏进行展览。

活动评价需参照各项活动中的寒假任务评价单的自我评价及家长评价内容，再根据活动主题和要求采用同学互评、教师评价等方式，根据艺术性、科学性、教育性、创新性、综合性等原则进行评价，注重学生的真实收获，评选出优秀成果。

（二）成果性评价

本次活动围绕"欢欢喜喜迎新年"的主题，参展的作品有红红火火、亮丽整洁的新年家庭照片，有富有创意、详细清楚的年货清单，有丰富多彩、美味诱人的年夜饭手抄报，还有关于植物生长过程的观察记录手册……一份份特色纷呈、图文并茂的特色作业，再现了学生丰富多彩的寒假学习生活，充分展示了学生的个性特长，彰显了学生的独特智慧。

1. 扫旧尘：祈来年清吉

在收集的家庭大扫除照片中，我们可以看到学生撸起袖子加油干的勤奋模样。家长们记录下孩子们拿起拖把一遍又一遍擦拭地板的过程，踩着板凳努力拆卸窗帘的时刻，在厨房里奋力擦洗灶台的身影。在劳动中，同学们和过去的一年认真告别，用美丽整洁的环境迎接新年新气象。

学生在进行大扫除

2. 办年货：图鸿运彩头

在各式各样的年货清单里，我们总能看到寓意避凶讨吉的窗花和春联、象征着红红火火的灯笼、预示甜甜蜜蜜的糖果、代表吉祥如意的水果、展现五谷丰登的干货……学生在挑选自己喜欢的食物时也理解了年货之于中国人的重要意义。结合语文、数学、美术等学科知识，学生制作出精美细致的清单或表格，也展现出他们独到的创意与审美。

学生在采购年货

3. 年夜饭：贺吉庆有余

在家长们上传的年夜饭照片、视频中我们不难发现，学生几乎全程参与了购买食材、制作食材的过程，他们将一道道自己亲手切洗、翻炒的菜品端上了年夜饭的餐桌。假期过后，教师们也收到了表达方式多样、内容丰富的图文作品：有对年夜饭制作过程的记录讲解，有对家乡年夜饭特色菜品的介绍说明，还有抒发自己体验感悟的日记作文，更有对年夜饭团圆意蕴的思考表达。

关于年夜饭的作品展示

4. 养绿植：盼年年好运

此次养护绿植花卉的实践活动适当融合了四年级下册科学"种植凤仙花"的有关内容，因此同学们都结合科学老师的建议积极种植，在阳台或者客厅拥有了一方属于自己的小花园。看着凤仙花种一日日成长，从冒芽到开花，晶莹闪烁的水珠和学生欣喜的眼神一样明亮。学生在挖坑播种、浇水施肥、翻松泥土、除草除虫的精心培育中，不仅收获到劳动的快乐，更体会到

了生命成长的奇迹。

学生在家里种植绿植

五、案例反思

本次寒假活动将中国春节的各项传统习俗与劳动教育相结合,依据学生学情特点,有针对性地、别出心裁地设计出了适合学生全面发展的活动内容。大部分同学都能在寒假认真积极、切实主动地开展劳动实践,在节日里感受劳动的乐趣,在劳动中传承中华优秀传统文化。本次活动不仅培养了学生收集信息、处理信息、整合信息的能力,更重要的是在劳动过程中培养了学生的动手实践能力,引导他们学会正确使用劳动工具、掌握基本的劳动技能。与此同时,同学们通过品味春节韵味,深刻领会了中华民族传统文化的博大精深,增强了他们的爱国主义精神。

总之,在本次活动中,同学们上交的作品形式各异,作品质量和数量都十分可观。同学们通过多种形式的实践活动真正体会到了劳动的意义和价值,感受到了传统节日丰富的文化底蕴,增强了他们对传统文化的认同感,将劳动观念深深根植于心中。

美味蛋糕动手做，让劳动教育走进生活

张 姣　赵 茜

一、案例背景

《义务教育劳动课程标准（2022年版）》提出，劳动课程应强调学生直接体验和亲身参与，动手实践、手脑并用，"知行合一"、学创融合，倡导"做中学""学中做"，激发学生参与劳动的主动性、积极性、创造性。因此，学生的劳动实践应该是面向现实生活和真实世界的实践，劳动课程内容必须与学生生活和社会实际紧密结合。劳动课程内容包括日常生活劳动、生产劳动和服务性劳动。做饭做菜、维护家用器具等都是日常生活劳动的基本内容，对培养学生的生活自理能力，养成良好的劳动习惯非常关键。教师要从学生的实际出发，重点围绕做饭做菜、打扫卫生、收纳整理等力所能及的家务劳动培养学生的劳动意识与能力。

二、案例目标

（一）总目标

五年级学生善于观察、爱探索，有一定的自主能力和动手能力，渴望得到具体细致的帮助引导。通过劳动教育课可以提升学生的创作能力和实践能力，从而引导学生在劳动中求知、健体、尚美、成长。而劳动教育课应该走进学生的生活，贴近学生的生活，这样才能激发学生的劳动欲望。五年级的学生对生日的仪式感也会比低年段的学生更加在意，教学生自己动手做蛋糕的课程思路由此产生。本节劳动课学习制作蛋糕，要求学生手脑并用，增强创新意识，鼓励、引导学生投身创造实践，养成热爱劳动的习惯。

美味蛋糕动手做！让学生学会简单的蛋糕烘焙方式，自己动手为家人制作美味蛋糕。初步养成营养搭配和健康饮食的习惯，具有食品安全意识，树立乐于为家人服务的劳动观念，初步形成家庭责任感，同时在制作过程中体会劳动的快乐和幸福！

（二）具体目标

"美味蛋糕动手做"是从学生们的实际情况出发设计的一次劳动教育课，旨在从劳动观念、劳动能力、劳动习惯和品质、劳动精神等方面培养学生的劳动素养。

劳动观念：在学习制作蛋糕的过程中，认识到劳动会给人带来幸福感，理解普通劳动者的光荣和伟大，形成关爱自我和感恩父母的意识。

劳动能力：能发现在动手制作蛋糕过程中存在的问题，能综合运用课程内容解决问题，能基本掌握制作蛋糕的劳动技能。

劳动习惯和品质：在制作蛋糕的过程中，积极主动参与，培养吃苦耐劳、坚持不懈和热爱动手操作的劳动习惯和品质。

劳动精神：初步形成不怕困难、积极探索的精神，在制作蛋糕的过程中培养创新的精神。

三、案例实施

（一）讲述蛋糕由来激趣味

师导入：大家看老师手上的蛋糕贴纸，同学们每年过生日时，都会吃美味的蛋糕，庆祝自己又长大了一岁，那你们知道蛋糕的由来吗？

生：观察、欣赏蛋糕图片，并进行思考回答。

师：同学们都想到了吃蛋糕是为了庆祝长大，其实蛋糕的由来和欧洲人的风俗有关。中古时期的欧洲人相信，生日这天灵魂最容易被恶魔入侵，所以在生日当天，亲人朋友都会齐聚身边给予祝福，并且送蛋糕以带来好运驱逐恶魔。蛋糕，最初只有国王才有资格拥有，流传到现在，不论是大人还是小孩，都可以买个漂亮的蛋糕。

（二）辨一辨不同的面粉

1. 了解面粉的分类

师：我们一起学习面粉的分类，面粉分为低筋面粉、中筋面粉和高筋面粉。

低筋面粉：常用于制作饼干、蛋糕、蛋挞、司康等的甜品，颜色较白，手抓可以成团。

中筋面粉：常用于制作馒头、饺子、包子、面条、中式点心……一般普通面粉就是它！它介于高筋和低筋之间，乳白色，半松散。

高筋面粉：常用于制作面包、开酥类、酥皮类甜品，有筋道！颜色比较深，且很光滑，手抓不成团。

2. 识别不同的面粉

师：接下来请同学们一起猜一猜桌面上的两种面粉，哪一种是低筋面粉，哪一种是高筋面粉。

学生小组合作感受不同面粉的区别

（三）蛋糕步骤细操作

1. 探讨所需工具和材料

师：我们已经知道了最基本的材料——面粉，接下来我们一起看一看我们还需要什么材料和工具。

材料：低筋面粉110克、白砂糖105克、鸡蛋5个、牛奶40毫升、色拉油40毫升、盐一克、白醋少许。

工具：电饭锅（早餐机）、打蛋机、量杯、蛋清分离器、不锈钢盆、橡皮刀。

师：考虑到教室用电功率问题，我们本次就用早餐机代替电饭锅来制作蛋糕，制作的流程是一样的。

2. 了解制作蛋糕步骤

师：做蛋糕有八个步骤：分离蛋黄、蛋清→做蛋黄糊→打发蛋清→预热早餐机→搅拌蛋糕糊→倒入蛋糕糊→烘烤蛋糕→装饰、抹面、裱花。

3. 体验制作蛋糕过程

师：第一步分离蛋黄、蛋清，我们要准备两个无油无水的盆来分离蛋黄和蛋清。

师：分离蛋黄、蛋清并不是一件容易的事情！但同学们不要气馁，多练习几次就可以了！接下来我们看第二步，制作蛋黄糊，我们需要在蛋黄中加入15克白砂糖、40毫升牛奶和40毫升色拉油，然后使油水融合搅拌均匀，最后筛入110克低筋面粉，Z字形搅拌均匀，这样蛋黄糊就做好啦。

学生动手分离蛋黄、蛋清的过程

师：接下来的一步就是打发蛋清，刚刚分离的蛋清要分三次加入并用打蛋器打发，可以滴几滴白醋，打发至提起有硬挺的小尖角状、倒扣盆时不会滑落即可。

师：预热早餐机，在家预热电饭锅的时候，同学们一定要注意用电安全哦！按键跳灯，这就意味着这一步骤做好了。

师：接下来我们将刚刚已经制作好的蛋黄糊和打发好的蛋清进行搅拌，注意要轻轻地上下翻拌（而不是绕圈拌）。最后再把调制好的混合物倒入早餐机或电饭锅中就可以啦。如果是使用电饭锅操作的话要牢记最后一个步骤哦，即按下煮饭键，待煮饭键跳到保温档，保温15分钟。再重复以上操作，再按一次煮饭键，等到再次保温15分钟之后。戴上手套取出内胆，将内胆倒扣，等凉透后，蛋糕就可以脱模啦！由于课堂时间关系，我们就用早餐机制作一个小蛋糕，制作大蛋糕的任务就留给大家回家完成咯！

师：目前我们每组都拿到了小蛋糕和用裱花袋装好的奶油，接下来就是大家自主动手操作的时间，一起来为我们的蛋糕裱花，创作出属于你自己的小蛋糕吧！

学生动手为蛋糕裱花

4. 展示劳动成果

师：最后就是我们的成果展示时间啦！一起来欣赏下同学们手中的蛋糕吧！

四、案例评价

师：同学们看着我们手中的蛋糕，是不是感觉到特别有成就感呀？在这节课结束之前，我们一起来分享一下我们的劳动感受吧。

生：制作蛋糕真的是一件很有趣，也很好玩的事情。

生：我分离蛋黄、蛋清失败了，没想到制作蛋糕并不是一件很容易的事情，需要我们反复操练呢。

生：我有点不舍得吃这个蛋糕，我想等放学回家送给我的妈妈，因为每次生日的时候她都会为我准备蛋糕，其实最辛苦的人是她，是她给予了我生命，陪着我一起长大，回家后真的要好好谢谢她。

总结：同学们的体会都很棒，劳动能够让我们收获幸福，让我们体验成功的快乐，希望同学们回家后能够将我们今天所学的内容运用到生活实践中！（师生道别）

五、案例反思

这是五年级学生的一节劳动教育实操课，学生在快乐的气氛中开心学习，用心创作。通过这样的劳动教育课，五年级的学生发现，原来劳动可以是一件快乐的、有趣的事情。这样的劳动教育课很有趣，很有意义，可以让学生爱上劳动，体会劳动带来的快乐！教师一步一步引导学生动手体验做蛋糕的乐趣。学生个个化身小小烘焙师，兴奋地参与分辨面粉、分离蛋黄和蛋清、裱花等实操，在一片欢乐中，学生的劳动能力、审美能力得到了提高。希望未来，学校能提供专门的劳动教育活动室，让学生能够更好地沉浸式地学习劳动技能；同时，还应该注重培养教师的劳动教育技能，多开展劳动技能的比拼等，积极营造快乐劳动的氛围！劳动教育课，任重道远，需要教师们不断地积极探索，相互学习，共同进步，力争给学生带来更好更丰富的劳动教育课！

舌尖上的莲美食

——"探寻莲的魅力"劳动教育活动案例

黄小玲

一、案例背景

（一）现实依据

相关调查数据显示，90%以上的小学生没有参与农业生产的经历，在长辈们事无巨细的"呵护"与"包办"下，76%的学生很少参加日常劳动，加上学校劳动教育的缺失，很多学生"四体不勤，五谷不分"。学生常把"粒粒皆辛苦"挂在嘴边，但不管是在家里还是在学校，或是在外面的餐馆，浪费现象依然很常见。劳动教育的推进与实施已成为迫切需要。

2022年，教育部印发《义务教育课程方案（2022年版）》并发布《义务教育劳动课程标准（2022年版）》，从2022年9月秋季新学期开始，劳动课正式成为中小学的一门独立课程，中小学生要学煮饭炖汤、种菜养禽、维修家电……《义务教育劳动课程标准（2022年版）》旨在让学生通过动手实践、出力流汗、接受锻炼、磨炼意志，意识到劳动的重要性，树立正确的劳动价值观，养成爱劳动的好习惯及勤俭节约、吃苦耐劳的美德，进而提高全民素质。

（二）课程依据

在《义务教育劳动课程标准（2022年版）》中，3~4年级的任务群3的主题是"烹饪与营养"，其内容要求为"使用简单的烹饪器具对食材进行切配，按照一般流程制作凉拌菜、拼盘，学习用蒸、煮方法加工食材"。

《义务教育语文课程标准（2022年版）》课程理念3"突出课程内容的时代性和典范性，加强课程内容整合"提出，要"注重课程内容与生活、与其他学科的联系,注重听说读写的整合,促进知识与能力、过程与方法、情感态度与价值观的整体发展"。建议我们设立跨学科主题学习活动,加强学科间的关联,带动课程综合化实施,强化实践要求。

二、案例描述

莲是我国的"十大名花"之一,是自古至今为我国广大人民所珍爱的花卉之一,在深圳有池、有湖的地方,似乎都有莲的影子,也能看到千姿百态的荷景,就连我们学校东校区的长廊上,也雕刻着许多荷花。莲,历来为中国的文人墨客所喜爱、所咏叹。古往今来,流传了无数表现、歌颂莲的佳作。"江南可采莲,莲叶何田田。""小荷才露尖尖角,早有蜻蜓立上头。""接天莲叶无穷碧,映日荷花别样红。"单在我们的小学语文教材中,就有好几首关于莲的古诗词。其实,莲不仅是"花中君子",具有审美价值与文化内涵,也是药材中的宝物。从中医药的角度看,莲浑身都是宝,莲花、莲叶,甚至莲蓬都可以入药。莲不仅可以入药,也是美味食材。莲子羹、莲子汤、莲藕排骨汤、藕尖炒肉、糖醋藕丁、凉拌藕片等,也都是生活中常见、深受人们欢迎的家常菜。

莲,到底有什么魅力,自古至今都那么受欢迎?又有哪些相关美食呢?带着这样的思考,我们以"舌尖上的莲美食"为主题展开项目式学习,带领学生全面了解莲这种植物,寻找舌尖上的莲美食。

三、案例目标

(一)总目标

通过本次项目学习,引导学生了解与莲有关的美食及制作过程、烹饪方法,了解莲藕的应用和食用价值,进而了解中国的饮食文化;同时,通过烹饪佳肴,提高学生的动手能力,让他们感受劳动和生活的乐趣,形成积极的劳动态度。

(二)具体目标

① 学生通过书籍及网络,收集相关资料,了解莲藕、莲子、荷叶、荷花的营养价值及食用价值,知道莲藕的种植方法,了解与莲相关美食的现状及烹饪方法,感知中国与莲相关的饮食文化。

② 以莲的生物性特征、用途、莲文化及与莲相关的美食为主要对象,通过网络调查、问卷、访谈等方式收集相关资料,开展相应的研究,促使学生

养成主动探究、自主创新的良好习惯。

③ 鼓励学生用文字、照片、视频等方式记录烹饪过程；制作手抄报、布置展板，发挥美术学科美育功能，通过烹饪莲的相关美食提高学生的动手能力，让他们感受劳动和生活的乐趣，形成积极的劳动态度。

④ 培养互相学习、团结合作、共同进步等小组合作精神。

四、案例实施

（一）整体实施思路

1. 实施思路

围绕"与莲有关的美食有哪些？其背后又蕴含着怎样的饮食文化？"这一驱动问题，学生通过多渠道查找搜集与莲相关的美食及其饮食文化等资料，小组汇总后再集体展开讨论，进行任务分解，根据自己的擅长和喜好，在教师的指导下自主分组，进行问卷、访谈、实地调研等分任务，最后进行成果汇报。

资料汇总 ➡ 讨论分组 ➡ 任务分解 ➡ 体验实践 ➡ 教师指导整合 ➡ 成果展示

2. 实施路径

查阅文献 ➡ 问卷调查 ➡ 学生访谈 ➡ 活动体验 ➡ 展示成果

（二）成立项目小组

根据资料分类，分解任务，讨论分组，一共分五个任务小组开展探究。

第一组任务：查阅文献资料，了解莲的种植及栽培现状、莲的用途、与莲相关的美食及其营养价值和食用价值等相关理论知识。

第二组任务：进行问卷调查与访谈，了解学生对与莲相关的美食及饮食文化的认识程度。

第三组任务：方案设计：讨论与莲相关的美食烹饪方法、样式、摆盘等，设计莲产品包装及广告语。

第四组任务：活动体验：烹饪莲美食；品尝莲美食；莲美食展销推广；了解与莲相关的美食及其烹饪方法，感受中国的饮食文化。

第五组任务：整理成果资料，形成主题报告，进行"舌尖上的莲美食"推广宣传。

（三）项目实施过程

"舌尖上的莲美食"项目式学习活动，总共分为五个主题任务让学生分组参与其中，以下是五个学习小组的完成学习任务的具体过程。

任务一：莲的认识

本组学生需要去了解莲的种植及栽培现状、莲的用途、与莲相关的美食及其营养、食用价值等相关理论知识。

学生通过书籍及网络收集莲美食的相关资料。学生利用笔记的形式对查阅到的内容进行记录学习。学生还可以通过学校或自家附近的餐馆，了解与莲相关的美食及其制作方法。

学生查阅资料　　学生向餐馆了解制作方法

任务二：莲的饮食文化

1. 调查问卷

学生结合查阅的资料，讨论确定想了解的莲美食的主要信息，小组讨论设计调查问卷，并对本校各年级的学生进行问卷调查。

2. 个案访谈

由于学校人数庞大，可以采取年级抽样调查法。为锻炼小组成员的口语表达能力，成立课间访谈小组，鼓励支持学生以问题访谈的形式对各个年级的部分学生进行访谈交流，访谈对象随机选择，访谈后小组成员交流汇总，整理成访谈日志。

六年级学生填写问卷

任务三：掌握莲美食的烹饪/制作方法

通过实地走访，参观餐馆，了解与莲相关的美食烹饪方法，掌握一定的烹饪技巧，对莲美食的样式、摆盘等有初步的构思，了解莲美食背后的饮食文化，结合莲美食的特点为其设计有新意的包装及广告语。

学生关于莲美食的包装及广告语设计

任务四：亲自烹饪、品尝莲美食

亲自烹饪、品尝莲美食。利用周末为家人烹饪一两道与莲相关的美食，通过文字、手抄报等形式记录自己的制作过程及心得。学生通过实地调研、亲身制作，感受莲的美食魅力及饮食文化，提高对莲美食的认识，提高动手能力，掌握生活技能，感受劳动和生活的乐趣，形成积极的劳动态度。

亲手烹饪莲美食：周末为家人烹饪一两道与莲相关的美食，鼓励学生用日记、图片、视频等形式记录自己的烹饪过程及心得。

品尝莲美食：通过看一看、闻一闻、尝一尝等方式，调动多种感官，品尝莲的不同做法的美食，感受中国饮食文化的博大精深，争做莲美食推荐师。

学生烹饪过程展示

任务五：成果展示

学生整理汇总资料，进行经验交流与反思总结，在教师的指导下共同完成"舌尖上的莲文化"探究报告，学生自主设计方案，通过照片、手抄报等形式，利用班级展板向全校学生宣传，让全校学生感受莲的文化及美食魅力。

五、案例评价

本次"舌尖上的莲美食"主题项目式学习活动基于小学生能力与认知水平设计，评价方式采用过程性评价与成果性评价两种方式相结合的形式。

（一）过程性评价

过程性评价	评价指标	个人自评 ☆☆☆	小组互评 ☆☆☆	教师评价 ☆☆☆
	活动参与程度			
	与同伴能友好地分工与合作			
	掌握莲的用途、莲文化、莲美食等知识			
	富有创意地设计莲美食的包装及话语			
	生活中能烹饪一两道色香味俱佳的莲美食			
教师评语	签名： 年　月　日			
评价说明	3颗☆：优秀　　2颗☆：良好　　1颗☆：继续努力			

（二）成果性评价

	评价主体	评价内容
成果性评价	教师、学生、家长	设"最佳厨师""美食推荐师""最佳广告设计师""莲美食最佳小主播"四种奖项，每个小组成员根据分解任务将阶段成果进行展示，教师点评，学生投票点赞，点赞最多者获得奖项

六、案例反思

在本次项目式学习的过程中，我带着学生尽情地享受了一次莲美食的饕餮大餐，充分感受到了莲的魅力，被色香味俱佳、丰富多彩的莲美食所吸引，被中国博大精深的饮食文化所折服，学生在此过程中，也学到了一些更实用、更行之有效的烹饪方法，感受到了劳动的乐趣，体会到了劳动能创造美好生活，感受到了烹饪美食的不易，感悟到了食物的来之不易，学会了尊重别人的劳动成果。同时，在调查研究的过程中，他们主动承担组内活动，互相帮助，合理分工，自主探究，大胆地展示自我，通过读一读（读与莲相关的古诗、故事、传说、文学作品）、查一查（查与莲相关的文化、美食等）、问一问（访问同学、访问餐馆厨师）、尝一尝（亲身品尝莲的各种美食）、想一想（设计莲美食包装及广告语）、做一做（动手烹饪莲美食）、传一传（宣传莲的美食及饮食文化）等活动，吸引了更多同学和他们一起探究莲的魅力，寻找莲的美食。且通过这次调查研究，学生的人际交往能力、口头表达能力及语文综合素养、劳动技能也得到了很大的提高。

教学相长，我在观察学生、帮助学生的过程中，也开阔了视野，提高了专业水平。当然，本活动也存在一些不足。例如：项目化研究过程中的"小组探究学习策略"的研究和应用还不够深入；学生还欠缺一定的创新思维，设计的莲美食包装及广告语还欠缺新意与创意；给学生的展示机会与平台还不够多，还需要搭建更多平台，让学生在成果体验和肯定评价中更全面地发展。

"我的纸盘花"

熊李丽

一、案例背景

在小学阶段，教师在教学中要注重德育，使学生在新时代教学课堂中获得知识与动手操作能力，帮助学生在新课改的教学背景下获得综合能力。对小学一年级的学生来说，在教学中进行过多的文化知识传授可能会使学生感受不到教学课堂的趣味性，由此减少对课堂知识的探知欲。所以，基于此次教学形式的转变，教师可以对课堂形式做出转变，通过手工课的开展提升学生的动手操作能力。

小学一年级"我的纸盘花"手工课活动，可以帮助学生在语文知识课堂中，通过动手尝试，提升自身的动手能力，提升学生对劳动的认知。

二、案例实施

（一）创设情境，带入教学课堂

师：同学们，我们今天开展一节手工课，主题为制作纸盘花，同学们知道什么是纸盘花吗？

生：用纸制作的花朵吗？

师：大家之前在幼儿园有参加过手工课吗？

生：在爸爸妈妈的帮助下我制作过小汽车。

师：同学们，纸盘花就是利用纸盘裁剪出自己喜欢的花，老师给同学们准备了几个视频，同学们可以认真看看。同学们知道视频中的老师是怎样裁剪出图案的吗？

（拿出事先准备的视频，将视频投放在电子白板上，引导学生进行观看。）

师：同学们，大家一定要认真观看，在裁剪完成后，看看同学们能不能将这几幅作品中的花猜出来。

（学生开始观看，一边看一边讨论。）

师：同学们，第一个视频已经看完了，大家看出这是什么花了吗？

生1：菊花。

生2：玫瑰花。

师：同学们可以说一说判断依据吗？

生1：这个花的外形很像菊花。

生2：因为这个花被老师涂成了红色，所以这应该是玫瑰花。

师：其实不然，玫瑰花也不是都是红色的，虽然这位同学判断对了，但是方法不正确，大家可以看到在此花的下方有几根花刺，所以应该为玫瑰花。大家看这个花漂亮吗？

生：漂亮。

师：接下来还有两个视频，老师讲解得更细致，所以大家也要认真观看，稍后大家可以谈一谈自己的感受。

（继续播放视频，供学生观看。）

师：同学们观看完所有的视频资料有什么感受，可以简单谈一谈。

生1：我看到视频中制作的花都非常精致，颜色也好看。

生2：我也想要做一朵送给自己。

师：大家也想和视频中一样做出自己喜爱的纸盘花吗？

生：对。

师：大家有信心制作完成吗？

生：有！

师：同学们回想一下刚刚的视频，我们在纸盘花制作活动中需要哪些物品呢？

生：剪刀、纸盘、彩笔、尺子、卡纸。

师：那同学们可以分为不同的小组，事先准备好自己小组的工具，然后我们就可以开始制作了。

（二）注重实践，深入动手操作

师：大家准备好工具了吗？

生：准备好了。

师：很好，我们可以开始动手裁剪了，同学们通过视频，知道第一步需要做什么吗？

生1：首先需要拿出纸盘进行裁剪。

生2：我们小组认为应该先在卡纸上将花的形状画出来，这样才能方便裁剪。

师：那同学们认为谁说得对呢？

（学生们探讨了起来。突然有一位同学说："那要裁剪什么花呢？"）

师：这位同学的问题很好，各个小组有没有探讨自己的小组要利用纸盘裁剪出什么花？

生1：牡丹花。

生2：玫瑰花。

师：具体要裁剪什么花，同学们要细致探讨，因为各个花的外形与裁剪形式都不同，为了避免同学们浪费纸盘资源，我们需要事先决定好，然后对基本的操作步骤进行探讨。同学们决定好要制作什么花之后就可以简单进行裁剪了。

（学生又进行了一次小组探讨，我在各个小组中进行了观察，我发现在这次探讨活动中，学生遇到了很多问题，讨论持续了很久。）

师：看同学们一直在探讨，一定是遇到了难题，同学们可以将问题描述出来，老师给大家提供解决建议。

生1：我们小组喜欢牡丹花，但是刚刚的视频中没有牡丹花的裁剪方法，我们不知道怎样裁剪。

生2：我们想要裁剪玫瑰，但我们尝试了一下，根本剪不成花的形状。

师：同学们不要着急，其实纸盘花的制作，是一个细致活儿，就像传统剪纸一样，需要不怕辛苦的劳动精神。老师也有一套工具，可以给大家演示一下，大家要认真观看，完成自己小组的制作，我会在大家制作完成后举办一次展示活动，通过评选给大家颁发礼品。

（拿着工具完成一次牡丹花的裁剪。）

师：同学们，看到老师的裁剪步骤了吗？

生：看到了，老师先画了一个牡丹花的大致形状，然后进行裁剪。

师：老师在裁剪中也差点失败，因为没有耐心差点剪坏形状，所以同学们在裁剪时一定要认真仔细地完成，不要害怕失败与困难，只有这样我们才能裁剪出自己喜爱的纸盘花。大家可以开始了，在裁剪过程中可以对小组成员进行分工，有序地完成小组的手工作品。大家一定要注意安全。

（同学们有序地进行纸盘花的裁剪，在此过程中同学们经历了多次失败，之后陆陆续续有小组制作完成了。）

（三）精神渗透，注重德育

师：已经裁剪好的小组可以探讨一下，没有裁剪好的小组不要害怕失败。要慢慢尝试，经过努力，一定会成功的，这就是我们传统文化中的劳动精神，要不怕辛苦，最终总能成功。

（经过努力，许多小组陆续裁剪出了自己小组喜爱的纸盘花。）

师：同学们有什么感受，可以谈一下。

生1：我们小组经历了很多次失败，马上就要放弃了，但是在老师的指导与鼓励下，我们小组找到了问题，经过细致的裁剪终于剪出了一朵菊花。

生2：我在看视频时感觉非常简单，和幼儿园制作小汽车一样，都是裁剪、涂色就可以完成，但是自己制作起来却非常累。经过我们的努力，终于制作完成，它虽然不是最好看的，但是在我们的心中，它是最漂亮的。

师：同学们可以将自己小组的花展示出来，进行介绍，看看哪一小组的同学在制作中最为用心。

（引导各个小组对裁剪的作品进行展览，最终，一朵牡丹花获得了胜利，因为不管是裁剪，还是上色，这个小组的同学都做得非常仔细，从外观就可以看到这组的同学很用心。）

师：这堂课上完了，大家有什么感想？

生1：只有不怕辛苦、始终相信自己，才可以成功。

生2：我明白了什么是劳动精神，在以后的学习中也会这样做。

师：很好，希望同学们以后都可以在生活学习中坚守不怕辛苦、直面困难的劳动品质，提升自己的精神境界。

三、案例评价

在本次案例中，教师对学生进行了手工课的引导讲解，使学生在活动中了解了纸盘花的制作过程。其实一年级的学生动手能力不强，但是在此案例中教师通过视频和亲自示范的方式培养了同学们的动手能力，有助于学生综合能力的培养。

四、案例反思

在此案例中，教师在裁剪纸盘花环节运用了小组合作的形式，这有可能导致部分同学不能参与动手能力培养的活动，所以在以后的教学中，我们要不断完善课堂设计，使学生可以在新时代教学过程中得到全面培养，在制作中感受到劳动精神在日常生活中的体现。另外在此次活动课中，教师给同学们讲解了纸盘花制作的方法，以及各种花的形态，这种形式有助于学生学习纸盘花制作的技巧。这种真实的手工课操作有助于学生在教学中提高对课堂的学习兴趣，在新型教学课堂中通过动手操作提升自身的劳动品质。

学会整理，终身受益

——"学习用品我整理"教学案例

林嘉馨

一、案例背景

（一）现实依据

劳动教育能够促进学生全面发展，成就幸福人生。整理与收纳是劳动教育课程中的重要任务群之一，贯穿了1~9年级整个义务教育学段。2021年"两会"中，政协委员唐江澎表示："让孩子养成整理东西的习惯远比让他们早识字重要。"2022年，教育部正式印发《义务教育课程方案（2022年版）》，将劳动从原来的综合实践活动课程中完全独立出来，并发布《义务教育劳动课程标准（2022年版）》。

（二）课程依据

《义务教育劳动课程标准（2022年版）》劳动课程整理收纳任务设置拆解。

劳动课程整理收纳任务设置拆解

	第一学段 （1~2年级）	第二学段 （3~4年级）	第三学段 （5~6年级）	第四学段 （7~9年级）
任务	收拾整理书柜、衣物	叠衣服；整理衣橱和玩具	分类整理家庭书架	行李收纳；全面收拾房间
内容	根据需要，整理自己的生活用品、学习用品，如衣物、玩具、书本、文具等。	定期整理居室里的书柜、衣橱、鞋柜和教室里的"图书角"、卫生柜、	通过对物品的整理与取舍，清理自己的学习与生活空间，如清理和合理处置使用过的教科书、簿本，以及不再穿	灵活运用整理与收纳的方法，从整体上完成对家庭各居室和教室内部物品的整理与收纳。与他人合作对居室、教室进行适当的

续表

	第一学段 （1~2年级）	第二学段 （3~4年级）	第三学段 （5~6年级）	第四学段 （7~9年级）
内容	整理自己的书包、课桌和居室的书柜及书桌，能按照物品类别、形状等整齐摆放	讲台桌面。将物品摆放整齐，归类收纳，做到有序、合理、便于取用	的衣物、不再玩的玩具等。初步掌握对物品、居室进行整理、清洁的方法，较为充分、合理地利用家居空间，用劳动和智慧为自己和家人创造更舒适的生活环境	装饰和美化，设计有特色、易操作的环境美化方案。独立完成外出远行的行李箱整理与收纳，依据行程安排、天气状况准备衣物和生活用品等
目标	初步建立及时整理与收纳的意识	形成整理收纳习惯	建立筹划和创造设计思维	独立完成筹划设计，发展团队协作、自我管理能力

二、案例描述

一年级学生好奇心强，对一切新鲜事物都充满兴趣，喜欢动手操作，然而他们的自我约束意识薄弱，注意力易分散，归类能力及整理收纳能力都需要培养和提高。不少一年级学生的书桌和书包都是塞得乱七八糟，物品也常常丢失。针对这个情况，我们以"学会整理，终身受益"为主题开展学习，帮助学生动手动脑，尝试自主整理物品，学会有条理地归类整理自己的物品，培养良好的整理物品的能力，养成分类整理物品的好习惯。

三、驱动问题

（一）提出问题

整洁程度与学习效率成正比，物品摆放得越是整齐，学习效率就越高，反之亦然。可见，整理在学习、工作、生活中都非常重要。整理的过程其实是对物品进行取舍的过程，是逻辑思维的体现，也是一种决断能力的体现。基于对学习用品整理的认识，我们将"如何整理好自己的小书包？"作为驱动问题展开学习研究。

（二）分解问题

①学生对整理学习用品的重要性了解多少？
②如何给学习用品进行分类？
③如何快速地整理自己的学习用品？

四、案例目标

（一）总目标

通过本次活动，引导学生知道整理生活、学习用品的重要性，形成自己的事情自己做的主人翁意识；指导学生学会整理物品的方法，尝试自主整理与自己生活密切相关的物品，学会物归原位和定时整理，形成一定的劳动意识，培养美好德行。

（二）具体目标

① 学生通过观看视频学习整理物品的方法，学会分类整理、给物品排序和定时整理，培养逻辑思维能力。

② 学生通过整理学习用品比赛，激发自主整理意识，培养自己的事情自己做的主人翁意识，提升动手操作能力。

③ 学生通过生活实践，培养在家庭和学校生活中整理物品的责任感，养成整理物品的良好习惯。

五、案例实施

（一）整体实施思路

1. 实施思路

围绕"如何整理好自己的小书包？"这一驱动问题，学生进行组内交流和集体交流，充分展开讨论，根据自己平常整理书包的经验，在教师的指导下，通过观看视频学习、整理书包比赛等实践体验完成任务，最后进行成果展示，评价总结。

组内交流 ➡ 集体交流 ➡ 教师指导 ➡ 成果展示 ➡ 评价总结

2. 实施路径

交流信息 ➡ 探究方法 ➡ 经验分享 ➡ 体验活动 ➡ 展示成果

（二）项目实施过程

1. 创设情境，激趣引思

出示图片——哭泣的铅笔，配文：呜呜呜……我找不到我的家了……

师：小朋友们，你们看，这位铅笔宝宝正在哭泣呢，你们知道铅笔宝宝为什么要哭吗？是的，它迷路了，被丢弃在一个角落，找不到它的家了。你们有什么好办法可以帮帮它吗？

出示下一张图片——一个愁眉苦脸的男孩，书桌上摆满了各种东西，有书、作业本、彩笔、水壶等，配文：咦？我的铅笔怎么找不着了……

师：看到这第二张图片，你们又想到什么了呢？是的，刚刚那可怜的铅笔宝宝就是这个小男孩正在苦苦寻找的铅笔呀！你们现在知道为什么小男孩找不着铅笔了吗？你们有什么好办法可以帮帮他吗？

没错，今天我们就一起来学习整理学习用品，帮助图片中的小男孩和小铅笔解决难题，让小铅笔和小男孩可以开心地找到彼此，从此不再分离！

2. 交流探讨，点拨引导

过渡：看，多整洁的小书包啊！课件出示一张图片：一个小女孩手上拿着一个整洁的书包，正向大家展示。

交流讨论：你的小书包整洁吗？

学生组内分享，展示自己的书包，相互评价，还可以说说自己平时是怎么整理自己的书包的。

探讨方法：你觉得自己整理的书包够整齐吗？能快速找到自己需要的物品吗？

①学生组内交流：以小组为单位，展示评价自己课前整理的书包，说说自己的体会。

②学生集体交流：你觉得自己组里谁的书包整理得最好？

③教师点拨引导：你平时是怎么整理自己的书包的？在整理书包的过程中，你发现了什么？有什么需要大家注意的地方呢？

④请两位书包整理得较好的同学上台谈谈自己的整理经验，说说在整理书包的过程中的发现以及遇到的问题，师生共同探讨。

学生发言过程中，教师相机将整理过程关键词板书在黑板上：分类、排序、收纳。

⑤教师总结整理书包的秘诀：按科目、按功能、按课程表、收纳袋，常用物品要显眼，不常用书要放好。

3. 实战演练，整理比赛

观看学生整理书包示范视频。

师：刚才同学们都说得非常好，想不想看看其他小朋友是怎样整理自己的学习用品的呢？

刚才的示范视频同学们都看得非常认真，相信大家更加熟悉整理书包的秘诀了。

4. 实战演练，整理书包比赛

每个小组派出一名代表，从书包中拿出下列物品摆放在桌面上：语文书、语文练习册、数学书、数学练习册、文件袋、铅笔2支、橡皮1块、尺子1把、水杯、跳绳。

学生按顺序整理书包，用时最短且最整齐者获胜。

速度练习：快速拿出需要物品，考查书包整理情况与查找对应物品的能力。

5. 全体动手，实操训练

比赛结束后，全班同学进行一次整理书包练习，教师巡视指导。

整理书包比赛

6. 欣赏评价，拓展延伸

（1）成果展示

学生将自己整理完成的书包在小组内进行展示，组内成员之间相互检查，比一比找相应物品的速度。

（2）欣赏评议

师生一起欣赏劳动成果，每组派一名学生自评，评出"整理书包又快又好"奖。请获奖学生分享自己的感受。

7. 表扬激励，课堂小结

师：同学们出色地完成了本节课的任务，在这节课中大家动手又动脑，学会了有条理、按顺序地整理好自己的书包。相信课堂最开始的那位愁眉苦脸的小男孩也能学会这些好办法，他最终能够快速地找到他的铅笔，小铅笔从此再也不会被搞丢了。

8. 拓展延伸

任务拓展：今天小朋友们已经学会整理自己的学习用品了，这将大大地方便我们的学习。同样的，如果你把今天学到的方法，用在整理你自己房间的物品上，相信你也可以做得很出色。请同学们回家后在爸爸妈妈

颁奖

的指导下，学习整理自己的房间，并拍照留存。做一个有条理、懂收纳、会整理的好孩子。

阅读延伸：推荐小朋友们回家阅读《乱作一团》《收拾房间的理由》，并和爸爸妈妈分享你的阅读感受。

六、案例评价

本次"学会整理，终身受益"主题学习活动基于小学生能力与认知水平设计，评价方式采用过程性评价与成果性评价两种方式相结合的形式。

（一）过程性评价

	评价指标	个人自评 ☆☆☆	小组互评 ☆☆☆	教师评价 ☆☆☆
过程性评价	活动参与程度			
	会给物品进行分类			
	整理书包方法掌握情况			
	能快速找到所需物品			
	能迁移方法整理其他生活学习用品			
教师评语				签名： 年　月　日
评价说明	3颗☆：优秀　　2颗☆：良好　　1颗☆：继续努力			

（二）成果性评价

	评价主体	评价内容
成果性评价	教师、学生、家长	设"书包整理小能手"奖项，每个小组派出一名代表进行成果展示，教师点评，学生点赞投票，点赞最多者获得奖项

七、案例反思

本次教学活动，以探究性学习的方式贯穿整个课堂，紧紧围绕学会整理学习用品的教学目标，创设情境，激发学生的学习热情和兴趣。有比赛PK、动手实操，以及展示汇报等活动形式，生动活泼有趣，有利于学生主动参与和自主学习，培养了学生的动手能力和分类整理的逻辑思维能力。

当然，在活动的过程中也存在一些不足。例如，过于强调自己整理自己的书包，自己的事情自己做，在这个过程中，较少体现同伴的合作互助。

芋泥冰皮月饼制作

邱嘉淇

一、案例背景

中秋节，又称"祭月节""月光诞""月夕""秋节""拜月节""月娘节""月亮节""团圆节"等，是中国民间传统节日。中秋节源自对天象的崇拜，由上古时代秋夕祭月演变而来。中秋节自古便有祭月、赏月、吃月饼、看花灯、赏桂花、饮桂花酒等民俗，流传至今，经久不息。中秋节将近，为了让学生更好地感受我国传统节日的氛围，增强参与感，同时，结合7~9年级的学段目标，特此设计"芋泥冰皮月饼制作"这节课。通过制作月饼，帮助学生树立"自己动手，丰衣足食"的理念，增强其创新精神和实践能力。本节课耗时长，因此我设置为两课时。

二、案例描述

七年级学生的劳动能力基础较好，创新能力强，大部分学生对这门课程有浓厚的学习兴趣。但是七年级的学生略显羞涩，并不是每个人都愿意进行展示与分享，他们更喜欢小组合作。因此，在课程的设置上，我会以小组为单位进行合作互助。

三、案例目标

（一）总目标

通过本次活动，学生初步掌握揉面的手法，学会制作精美的冰皮月饼，并对冰皮月饼进行装饰，锻炼学生的动手能力。

（二）具体目标

① 通过图片和视频，了解中秋节的历史与月饼文化等基本知识。

② 通过示范制作过程，学生了解并掌握冰皮月饼的制作方法并进行制作、装饰。

③ 在制作月饼的过程中，培养学生的动手能力和创新意识，养成"自己动手，丰衣足食"的良好劳动品质和习惯。

四、案例实施

（一）诗词导入，引题激趣

诗词导入，介绍与月亮有关的诗词、中秋节的来历、中秋节的习俗，引出课题。

人有悲欢离合，月有阴晴月缺，此事古难全。但愿人长久，千里共婵娟。

——苏轼《水调歌头（明月几时有）》

床前明月光，疑是地上霜。举头望明月，低头思故乡。

——李白《静夜思》

（二）冰皮月饼制作学习

1. 介绍米粉的分类与选择

师：米粉是以大米为原料研磨而成的粉状物，是制作中式糕点的主要原料。根据研磨方法，一般将米粉分为干磨粉、湿磨粉和水磨粉。其中，水磨粉的粉质较细腻，制成的食品软糯滑润、易熟，最适合用来制作糕点。

小诀窍：想要冰皮月饼软糯、Q弹，可以选择水磨粉。

2. 了解揉面团手法

师：一般我们揉面的时候都是用手掌末端的位置发力，这样揉面不费力，揉的面团也均匀。一般揉面的方式有三种。

（1）绕圈式

绕圈式就是在揉面时，先将面团揉成圆形，一

绕圈式

只手转着圈揉面,一直保持圆周运动。这种揉面手法是最常用的,因为比较简单,但是这种手法的缺点是比较耗费力气,揉面用的时间也长,容易将面筋揉断,面团揉得不是很均匀,做出的包子、馒头也容易出现回缩、瘪陷的现象。

(2)叠揉式

叠揉式就是先用双手同时把面团按压开,揉成长条形状,对折起来再揉,反复揉压。这种叠揉手法的优点与第一种相比,比较省力气,省时间,揉出来的面团面筋不会断开,能够保证面团组织结构的完整性,所以揉出来的面团就更加光滑。这种手法一般在揉大面团时用,操作的时候需要注意,不要在折叠面团时留下缝隙。

叠揉式

(3)摭打式

摭打式就是把手握成拳头,不停地压面团。一边用拳头打按,一边把面团叠起来,这样反复地按打。这种摭打手法一般用于刚刚发好的面团,为的是让面团更加紧实,更快上劲。

摭打式

3. 工具准备(PPT展示)

蒸锅、电子秤、面粉筛、保鲜膜、打蛋器、一个大碗、一个碟子、一个小碗、平底锅、50g月饼模具。

4. 食材准备(PPT展示)

糯米粉65克、粘米粉45克、澄粉40克、糖粉60克、牛奶265mL、黄油30克、熟糯米粉50克。

由学生自行到工具区、材料区中取出。

5. 制作步骤介绍

部分食材

(1)月饼制作

将糯米粉、粘米粉、糖粉与牛奶混合,用打蛋器搅拌顺滑。

将混合好的液体用面粉筛均匀过筛。

过筛好的液体用保鲜膜封死,用牙签扎几个小孔,蒸25~30分钟。

将蒸好的面团取出,放入黄油,均匀混合。

在垫子上揉匀,用叠揉式进行揉面。

将50克糯米粉倒入平底锅中,小火慢炒,直至微微发黄。

将揉好的面团分成15个剂子，每份25g。

将馅料分成15份，每份25g。

面团揉圆压扁，将馅料包进去，用虎口慢慢收口。

在熟糯米粉中滚一圈，取出。

最后放入月饼模具中压好脱模即可。可以在月饼上进行DIY创作，让月饼变得更加精致好看。

小诀窍：如果想要冰皮更Q弹，面团揉好后用保鲜膜包好，不留一点空气，放进冰箱冷藏一小时以上再包馅料。

（2）馅料制作

芋泥馅料：紫薯60克、芋头200克、炼奶25克。

将紫薯、芋头去皮，放在蒸锅中蒸20分钟。

用勺子将紫薯和芋头压成泥。

混合在一起搓圆即可使用。

（三）学生操作与展示

学生8人一组，小组内自行分配任务，按步骤进行操作，可以根据自己的想法进行创作，教师巡视指导并提醒学生注意安全，不要受伤。

学生操作展示

学生将制作好的冰皮月饼进行展示。同学互评，教师点评。

学生成品展示

大胆想想饼皮还可以跟什么馅料进行搭配？

（四）总结

师：同学们，中秋节是我们中国的传统节日，以往每年都是买现成的月饼。而今年可以享受到自己亲手做的月饼，这应该是你们度过的意义非凡的一次中秋节。我们常说：自己动手，丰衣足食。相信大家在今天的劳动过程中已经体会到劳动的乐趣，虽然累但非常有成就感。这就是劳动给我们带来的快感。希望大家在生活中，多动手制作自己喜欢的美食。

五、案例反思

随着《义务教育劳动课程标准（2022年版）》的出台，劳动课正式成为中小学的一门独立课程。义务教育劳动课程是实施劳动教育的重要途径，以丰富开放的劳动项目为载体，重点是有目的、有计划地组织学生参与日常生活劳动、生产劳动和服务性劳动，让学生动手实践、出力流汗，接受锻炼、磨炼意志，培养学生树立正确的劳动价值观和良好的劳动品质。几乎每个中国人都知道"谁知盘中餐，粒粒皆辛苦"这句诗，但并不是每个人都在田野中挥洒过汗水，也不是每个人都明白劳动的不易与可贵。因此，作为一名劳动教育教师，十分有必要让学生真正领悟这一道理。

我们也常说，自己动手，丰衣足食。要想让学生真正领悟劳动的意义，那就必须让他们在实践中体验。相信通过本次活动，学生能体会到劳动的意义。虽然制作的过程比较久，但相信他们有满满的成就感。同时，中秋节被纳入我国非物质文化遗产名录，传承中秋节习俗是十分有必要的。

职业篇 | 小体验师

基于融合信息技术 教学改革
"融+"特色课程

探索我的学习风格

——小学六年级生涯教育教学案例

黄文婷

一、案例背景

小学教育是各级教育的基础，目的在于陶冶学生的身心，使学生身心健康。而小学生涯教育的目的之一是让学生对自己的学习风格进行初步的认知与探索，帮助学生更好地了解自己，从而提升他们的生涯认知。

我校作为深圳市生涯教育试点小学，从2019年起便开始进行生涯教育的课程探索。本教学案例以深圳市下发的指导教材《学生生涯发展指导系列丛书》之六年级《生涯发展》的第一课"探索我的学习风格"为参考，通过引导学生探索、了解自己的学习风格，寻找适合自己的学习技巧与方法，发扬自身学习风格的长处，努力提高学习效率，学会学习，达到让学生进一步了解自我、提升自我生涯认知的目的。

二、案例目标

① 帮助学生了解自己的学习风格。
② 让学生知道各学习风格的特点及学习小技巧。
③ 发扬自身学习风格的长处，努力提高学习效率，学会学习，为自己的生涯发展做准备。

三、案例实施

（一）故事导入，激发兴趣

教师通过讲述"世界记忆大师"王峰的故事进行课堂导入。王峰，世界记忆大师，第19、20届世界脑力锦标赛总冠军。在第20届世界脑力锦标赛中，他以5分钟记忆500个数字、1小时记2660个数字、听记300个英文数字的成绩，打破3项世界纪录。

观看王峰参赛的视频，学生对本课主题产生了好奇，教师在此时适时提问："王峰记忆什么最厉害？同学们知道王峰是运用什么方法进行学习、记忆的吗？"六年级学生的学业任务渐渐加重，因而他们对有关学习方法与技巧的生涯教育内容较为感兴趣。借"世界记忆大师"王峰的例子，可激发他们的学习兴趣。

（二）单词记忆比赛，引发思考

本环节通过一个有趣的单词记忆比赛，让学生进行体验。教师通过引导，让学生了解到每个人记忆单词的方式是不一样的，以此引发学生的思考：每个人的学习方式和风格都是不一样的，就像"有的人喜欢看书，有的人喜欢听书，有的人喜欢和别人探讨书"一样，让学生在体验中感悟。

考虑到六年级学生的知识水平，教师特意选取了难度适中，但学生又未曾学过的单词；同时，为了增加比赛的趣味性与刺激性，教师增加了时间限制。学生在单词记忆比赛中用尽方法，有的捂住耳朵大声朗读，有的用笔疯狂记录。教师将这些现象一一记录下来，在单词记忆比赛后反馈给学生，这就是不同学习风格的表现。而不同的学习风格，会影响个人的生涯发展，如果能利用好自己的学习风格，则对自己的生涯发展起良好的作用，否则，则起反作用。

（三）探秘学习风格，拓展生涯认知

在本环节中，教师向学生展示了16道学习风格测试题目，提醒学生在测试过程中，注意凭第一直觉选择答案，答案并无正确、错误之分，只要忠实地回答题目即可。

测试完毕后，先不着急公布结果，而是先让学生算出自己选择A或B或C的个数，再与小组成员进行对比，让学生知道自己的特别之处。

随后，教师对本次学习风格测试进行解释：如果选择A较多，则可能是视觉学习类型，通过观察来学习；如果选择B较多，则可能是听觉学习类型，通过听来学习；如果选择C较多，则可能是感觉学习类型，通过感觉和行动来学习；如果A、B、C选项中的2个或3个选择较为平均，则为混合型，如视—听觉混合型、听—感觉混合型等。

在此，对不同的学习风格进行解释，不同的学习风格在学习过程中使用的方式不一样，学习者表现出来的学习特点也不一样。在本环节中，学生通过了解自己的学习风格及学习技巧，加深了对自我的认识，也拓展了自我的生涯认知。

（四）阿丫的烦恼，走进生涯困惑

每个人的学习、成长过程中都不是一帆风顺的，本环节展示了本教材主角阿丫的学习烦恼，从而引导学生走进生活实际，学以致用。

阿丫的烦恼：妈妈一直让我用手机App听书或听音频课程，可我听着听着不一会儿就走神了，我觉得反复听，还不如看书获取知识快。但是妈妈就觉得听能随时随地，很便捷，还觉得我不专心，我该怎么和妈妈沟通？

对阿丫的烦恼，学生大多表示感同身受，表示自己也常常因为类似的事情与父母发生争吵，那怎么办呢？该怎么帮助阿丫和妈妈沟通呢？这是学生生活中可能会遇到的问题，为了真正帮助学生思考，开展了小组讨论活动，为阿丫出谋划策。

学生经过热烈的小组讨论后，进行了全班分享，每个同学都有自己的答案，在此选取3个典型的进行分享。

生1：很明显，阿丫的学习风格是视觉型，但是她的妈妈硬要她用听觉型的学习方法学习，阿丫一定很不开心。我们觉得阿丫可以直接跟她妈妈说，她的学习风格是视觉型，根本不适合听觉型的学习方法，让妈妈允许阿丫用自己的试学习。

生2：我们也同意阿丫的学习风格可能是视觉型，但是如果很强硬地跟妈妈说的话，妈妈一定会很生气的。所以这里的重点应该是怎么和妈妈沟通，而不是学习方法对错的问题。阿丫可以心平气和地跟妈妈表达自己的想法，自己真的不习惯听书或听音频，喜欢看书，相信妈妈会理解的。

生3：是的，如果能在此表达对妈妈的感谢，感谢妈妈对自己学习的关心，让妈妈心情好一点儿，然后再表达自己的想法，可能妈妈会更容易接受一些。

在此，教师及其余同学聆听学生的分享，学生分享后教师进行总结：每个人都有自己的学习风格，找到适合自己的学习方法，对自我生涯发展有很好的作用。阿丫的烦恼也是生活中常见的，父母、老师可能会用他们的经验来教导你们，教给你一些他认为很好的学习方法，他们的本意是好的。但是如果你认为这些方法不适合你，可以表达自己的想法，每个人都要学会对自己负责。当然，老师很同意第三位同学的说法，他们一定是为你好，才会教给你学习方法，因此在表达过程中，要注意与他们说话的语气，不要让他们有失落、生气的感受哦。

（五）总结全课，升华主旨

教师对本课进行总结：学习风格并没有好坏之分，仅仅是采取的学习技巧不一样罢了。属于视觉型学习风格的同学可以多通过观察学习，多使用图片、幻灯片、影片等视觉辅助性工具；属于听觉型学习风格的同学可以多听录音、讲座、谈话等；属于感觉型学习风格的同学则可通过触摸、行动等方式进行学习。

在此，教师再提醒学生，不同学习风格的学习方法并不是只有固定的一两种，可以在以后的学习过程中不断地摸索，找到更适合自己的学习方法。

最后，给学生下发生涯学习任务单《学习从"新"开始》，让学生根据实际情况，尝试寻找适合自己的学习方式，调整自己的学习状态，让自己的学习从"新"开始。

四、案例分析

本课选取的主题"探索我的学习风格"并非传统的生涯课主题，但从学生的课堂表现及反馈来看，它的确非常适合该阶段的学生。尤其对学业压力较大的学生，本课不仅改变了他们对自我学习风格的认识，拓展了他们的生涯认知，而且通过情境的创设让他们知道如何更好地与他人沟通，提升了他们的责任感。

在课堂环节设计上，本课可能存在一些欠缺。在代表人物选择上，选取的是在生涯发展中近乎完美的"记忆大师"王峰，在反思后，考虑是否可以选取一些身边的普通生涯人物，他们的故事可能更贴近学生的现实生活。而在"生涯困惑"环节，只展示了阿丫的案例，如果在这里能加上学生的案例，或者由学生来向大家阐述自己在学习生涯中的烦恼，再由其余学生共同出谋划策，是否会有更好的效果，更能帮助学生学以致用？

本课的目标是帮助学生了解学习风格，发扬自身长处，提高学习效率，但并非一定要让学生确定自己的学习风格。在生涯发展的过程中，学习风格可能只是一种倾向，而并非只能使用该种风格对应的学习方法，甚至可以探索更多不同的学习方法。因此，笔者希望学生在本课结束后，能带着思考与实践离开课堂，能为未来学习生涯的发展多提供一种方法、视角，这才是本课想要达到的最终目的。

职业零距离接触　树立职业理想

胡美华

一、案例背景

小学阶段是学生人生观、价值观等初步形成的阶段，此阶段对学生进行有意识的生涯教育，有利于学生更好地了解自己、认识社会，对自己的未来进行规划和设计，将自己的理想、憧憬与学校的学习相结合。为此，我校于2020年开始，在上级部门的指导下，率先在小学开始了对学生进行生涯教育的探索和研究。我所任教的学段是小学三年级，三年级的学生对身边的职业有所认识，但他们对职业的认识只是表面的，并不清楚这些职业的具体内容，对职业的特征缺乏理解。因此这堂课引导学生认识自己身边的职业，了解这些职业的特点，使学生初步认识到不同职业需要不同的职业知识和能力，从而结合自身兴趣爱好和特长，萌发职业理想，初步形成关注并参与社会生活的意识。

二、案例实施

（一）生涯指南——认识身边多种多样的职业

课前我给学生布置了任务，了解父母从事的职业。课堂伊始，我让学生各自谈论父母从事的职业，因有课前的准备，学生兴趣盎然，争先恐后介绍父母所从事的职业。接着引出小组擂台赛：你还知道哪些职业？看看哪个小组说的职业多（不可重复）。学生首先从自己熟悉的职业开始说，如自己亲人从事的职业、学校里的职业、小区里的职业，再到平常参加的各项活动的从业人员的职业，甚至是电视媒体上看到的职业等，真可谓带领大家走进了职业大观园，达到了让学生知道职业具有多样性的认知目的。

（二）生涯镜鉴——了解一些典型职业的工作内容

在对职业多样性做了简单小结之后，我出示了一组工作照片，请同学们看图片猜职业，并说出各职业的大致工作内容。

师：请同学们说一说，图片上的人物是从事什么职业的，你们知道他们的工作内容吗？

生1：图1是教师，她每天给同学们上课。

师：教师给同学们上课前都要做些什么呢？

生2：要备课，做课件。

师：除了这些，教师还要做些什么呢？

生3：教师还要开会、批改作业。

生4：我妈妈就是教师，她工作可忙了，要处理同学的矛盾、家访、写论文等。

师：看来同学们很容易猜出图片人物所从事的职业，但对职业的具体内容还不是很了解，下面咱们就分组讨论，说说图片上人物的工作内容有哪些，讨论后小组派代表进行汇报。（小组讨论）

小组汇报：

生1：图2的叔叔是位民警，民警协助办理各类案件、进行法制和安全宣传教育、开展人口调查登记、提供便民服务。

生2：图3是位舞蹈演员，她们日常要排练，经常参加各类舞蹈表演。

生3：图4是医生，他们要做手术、查房等。医生还分为西医、中医。心理医生、药剂师、麻醉师……

师：平时我们只知道生病看医生，没想到医生这么辛苦。

生4：图5是卖菜的摊贩，我姑姑、姑父就是在菜市场卖菜的，他们每天天不亮就要起床备好菜，在摊位上分类摆放好，还要想办法让菜保鲜，不然卖不出去。

……

教师总结：职业种类如此之多，各种职业都有其作用，工人在做工，农民在种地，医生在治病救人，警察在维护社会治安，教师在教育下一代……他们的岗位不同，使用的工具不同，工作的方式也不同，但是他们的职业劳动都是社会中不可缺少的，他们在岗位上实现着自己的人生价值。我们的生活离不开各行各业的人，他们的辛勤劳动保障了大家的幸福生活！

设计意图：这一环节旨在让学生了解身边一些典型职业的工作特征和内

容，从课堂上学生的反馈来看，我的预设有些过高，学生能准确猜出图片中人物的职业，但对于工作内容，哪怕是天天面对的最为熟悉的教师这个职业都不是特别了解。针对这一情况，我适时调整了教学过程，分组讨论交流后再汇报。果然，讨论交流后的结果更为全面，学生对这些职业也有了更为深入的了解。

（三）生涯实践——角色扮演，职业初体验

教师导语：俗话说得好，"三百六十行，行行出状元"。接下来，让我们一起来欣赏社会上一小部分职业的状元秀！

① 播放视频《状元360——我们有一套》。
② 角色扮演：说规则，体验售货员、教师两种熟悉的职业。
③ 教师总结情况。
④ 学生谈感受。

生活体验对学生的成长尤为重要，通过角色扮演引导学生更深入地了解社会，了解每项工作的性质和作用，了解从事这个工作所需的知识储备及技能，从而获得真实的生活体验。

（四）生涯理想——明确"我想干什么"

师：同学们有没有想过自己将来要从事哪种职业？其实职业可以与大家的个性、兴趣、能力及现实需求挂钩，所以请同学们想一想，根据自身情况，完成下面的职业规划表。

我的职业我做主

我叫　　　　，我的理想职业是　　　　，
原因是：
实现理想，需要在哪方面更加努力：

① 学生在舒缓的音乐中填写职业规划表。
② 写完的同学，起立，大声说出自己的名字和理想职业。

生1：我的理想职业是钢琴家，因为我很喜欢弹钢琴，我已经考过钢琴6级了。以后我会更加努力练琴。

师：你把自己的兴趣与职业规划结合在一起，还明确了努力的方向，我相信，只要坚持不放弃，你的理想会实现的。

生2：我长大以后想做警察，我爸爸就是警察，我觉得做一名警察为人民服务很光荣。所以，我想锻炼好身体，好好学习，考上警察学校。

师：看来爸爸对你的影响特别大，小小年纪就有明确的目标和努力的方向，真棒！

生3：我想当一名治疗类风湿的医生，因为我的妈妈得了类风湿，手和脚的关节都变形了，经常痛得拿不稳东西，治疗了很久也没治好。

生4：我长大了想当宇航员，飞到太空去探索奥秘，但是妈妈说好难实现。

师：要实现理想，你得了解你的理想与当前的学习生活有什么关联，哪些能力可以从现在开始有意识地去锻炼与发展。得一步一步地来，你可以有一个大目标，在大目标内有许多小目标，比如考上一个好的中学，考上自己喜欢的大学，学习自己喜欢的专业。当小目标都实现了，离实现大目标也不远了。

学生将自己的职业规划表挂在班级墙上。

师：各位同学，每当你上课不认真时，每当你学习不努力时，每当你怕苦怕累想放弃时，每当你对未来没有信心时，请你转过头，看一眼你自己的理想，你会发现成功就在不远处。

成长后的职业选择往往源于儿时的梦想。开展这一活动的目的是让学生形成自我认知，挖掘兴趣爱好，主动培养自己的特长，了解自己的需求，从小树立远大的理想，激发学生的学习热情，培养学生的自信心，使学生明确学习目的，引导学生在学校努力学习，为将来实现自己的职业理想做好准备。

三、案例分析

（一）职业零距离接触

小学生正处于整个生涯发展的启蒙和探索阶段，他们对未来充满了好奇与憧憬，他们渴望了解真实的社会生活，渴望了解多变的职业世界，想要掌握一定的职业特点，并进行适度可行的职业规划，从而更好地选择自己的学习成长之路。基于以上的学生发展阶段特点，本堂课围绕认识职业、了解职业特征、角色扮演，开展了一系列活动让学生与职业进行零距离接触。在"生涯指南"板块，让学生从自己已有的生活经验出发，尽可能多地进行头脑风暴，汇总出更多的职业名称，以此帮助学生认识社会上的各种职业。

"生涯镜鉴"板块，通过让学生大致了解一些典型职业的工作内容，引发学生进行职业探索的好奇心和求知欲。在"生涯实践"活动中，学生通过准备和参与，获得真实体验，在体验中引发思考，加深领悟，使学生的认知、情感和行为等方面发生深层次的变化，激发学生学习探索的自主性，培养他们自我教育的意识与能力。教学环节层层递进，环环相扣地突破教学重点、难点，进而高效达成学生活动目标。

（二）认识自我，树立职业理想

做好自己职业规划的一个重要基础就是了解自我、剖析自我、悦纳自我。意识到职业规划和社会生活需要和自己的个性、兴趣爱好、特长、能力水平、现实需求等匹配吻合。通过体验活动，让学生在充分了解自我的基础上，形成初步的职业理想。在"生涯理想"这一板块，提示学生：同学们有没有想过自己将来要从事哪种职业？其实职业可以与大家的个性、兴趣、能力及现实需求挂钩，所以请同学们想一想，根据自身情况，完成职业规划表。其中一个学生谈到他妈妈受类风湿的折磨，所以她将来想做治疗类风湿的医生；另一个学生受从事警察工作的爸爸的影响，想当一名光荣的人民警察。更多的学生能够结合自己的兴趣爱好、特长树立理想。我被她们的坦诚和懂事感动，也深深感受到他们对知识的渴盼、对未来的期待。在树立理想的基础上，趁势激励，只有时时刻刻向着自己的理想努力，调整学习状态，为将来实现自己的职业理想做好准备，才能更接近自己的理想，从而实现自己的理想。由此，我感觉到开设生涯课是有意义的！相信学生也都从中认识到他们的学习也是有意义的。应该说，这是学生和教师共同的成长！

小学阶段开展生涯教育，要充分考虑学生身心发展的特点，通过层次递进的体验交互式的活动，加强对学生人生发展规划的引导，提高学生学习的主动性、自觉性，使其不断向未来的目标迈进，过有目标的校园生活，为将来的发展蓄能，为人生奠基。教师应从学生整个人生发展规划这个宏大的教育目标出发和思考，结合学情实际科学设置阶段目标，扎实地推进，做学生成长路上的领路人、陪伴者、好伙伴。今后，我们将进一步总结经验，不断探索学校生涯教育的有效途径与方法，总结生涯教育工作的规律。生涯教育之花，必结育人硕果。

萌娃过元宵　巧手做汤圆

——记生涯教育活动之元宵节活动

赵　茜

一、案例背景

元宵节是中国的传统节日，今年的元宵节恰逢周五上学日。在周四和学生的课间聊天中，他们表达出想要全班一起过元宵节的想法，因为从一年级到四年级，元宵节似乎都是一个被遗忘的节日。今年大家都是留深过年，不能走亲戚的春节，似乎少了很多年味。看着学生殷切的眼神，也为了给他们的春节画个圆满的句号，尽管准备时间仓促，我也决定开展元宵节活动。

二、案例准备

（一）集思广益

因为学生学习任务较紧，为了让活动更加有序地开展，我立刻在家长群里发起活动通知，广泛征求家长的意见。考虑到时间问题，最后活动设为两个主要内容：猜灯谜和做汤圆。

（二）明确分工

确定活动内容后，我迅速组织家委，进行分工：A、B、C三位家长制作灯谜，D、E、F三位家长采购制作汤圆的材料，G家长准备元宵节小礼物。为了让活动当天的教室更加有节日气氛，我在班级里招募了心灵手巧的热心同学准备节日的灯笼和装饰品。我也准备制作活动PPT。同时，为了保障活动顺利进行，我还招募了家长义工在活动当天协助工作。

三、案例实施

（一）我知道的元宵节

用图片和小故事展示元宵节的风俗，加深学生对元宵节的认识。

背景知识链接：元宵节是中国的传统节日，元宵节习俗的形成有一个较长的过程，源于民间开灯祈福的古俗。开灯祈福通常在正月十四夜便开始"试灯"，十五日夜为"正灯"，民间要点灯盏，又称"送灯盏"，以进行祭神祈福活动。东汉佛教文化的传入，对形成元宵节习俗也有着重要的推动意义。永平年间，汉明帝为了弘扬佛法，下令正月十五夜在宫中和寺院"燃灯表佛"。正月十五夜燃灯的习俗随着佛教文化影响的扩大及后来道教文化的加入，逐渐在中国扩展开来。南北朝时，元宵张灯渐成风气。梁武帝笃信佛教，其宫中子正月十五大张灯火。唐朝时，中外文化交流更为密切，佛教大兴，仕官百姓普遍在正月十五这一天"燃灯供佛"，佛家灯火于是遍布民间。从唐代起，元宵张灯成为法定之事。

农历正月十五是元宵节，又称"上元节""元夜""灯节"。正月是农历的元月，古人称夜为"宵"，所以称正月十五为"元宵节"。随着社会和时代的变迁，元宵节的风俗习惯早已有了较大的变化，但元宵节至今仍是中国民间传统节日。元宵节在早期，只称"正月十五""正月半"或"月望"；隋以后称"元夕"或"元夜"；唐初受道教的影响，又称"上元"，唐末才偶称"元宵"；但自宋以后也称"灯夕"；到了清朝，就另称"灯节"。在国外，元宵节也以The Lantern Festival而为人所知。正月十五这一天晚上，中国有赏花灯、吃汤圆、猜灯谜、放烟花等一系列传统民俗活动。

元宵节是中国与汉字文化圈及海外华人的传统节日之一。元宵节主要有赏花灯、吃汤圆、猜灯谜、放烟花等一系列传统民俗活动。此外，不少地方的元宵节还增加了游龙灯、舞狮子、踩高跷、划旱船、扭秧歌、打太平鼓等传统民俗表演。2008年6月，元宵节选入第二批国家级非物质文化遗产。

（二）灯谜猜猜猜

传统的猜灯谜活动是将谜语挂在灯笼上，出于时间原因，我们将准备好的谜语纸条放在箱内，学生随机抽取谜语，将谜底写在谜语下面，答对者可以获得一份元宵节小礼物。第一次没有猜中的同学，可以请救兵帮忙或者选择猜另外一个谜语。

（三）汤圆DIY

家长义工先示范包汤圆的步骤。学生六人一小组，家长义工将准备好的汤圆皮和汤圆馅分给各小组。家长义工到各小组进行指导，耐心教不会包的同学。

（四）成果展示

各小组展示成果，在家长义工的帮助下打包汤圆带回家。

四、案例反思

① 准备时间比较仓促，能圆满完成活动，离不开家长们的大力支持。

② 通过本次活动，学生增加了有关元宵节的知识，了解了民族文化。

③ 在动手包汤圆的过程中，小组同学团结协助，增进了同学间的感情；同时也体会到看似简单的包汤圆，不是那么容易完成的，更加理解了家长的不易。

班级文化标识设计与制作

——基于PBL理念的班级综合实践活动案例

谭喜梅

一、案例背景

我们静思班是坪山实验学校有名的优秀班级，在"教之以礼、育之以德"教育理念的引领下，班集体纪律严明、团结友爱、班风优良、学风踏实，逐渐形成了静思班独有的"感恩、尊重、爱"的班级精神。我们有班级口号"步步踏实做，分秒不空过"，有教师的寄语"信心、毅力、勇气三者俱备，则天下没有做不成的事"，我们已经形成稳定的班级文化，并希望在各种活动、比赛等公众场合中都能展现出本班集体的优良作风。

二、案例描述

经班干部组织并请班主任老师一起讨论,同学们决定打造一套能鲜明展示本班形象的具体标志——班旗、班徽、班歌。

在讨论过程中,有的同学提议"拿来主义",从网上下载校徽图片和改编其他学校的校歌为己用;有的自告奋勇请自己的家长来帮忙代劳;有的则提议请专业的广告公司帮忙设计制作……经过一番热烈讨论,大家都认为可以依靠自己来完成这个项目。最终,大家决定:由同学们自己来设计、制作一套具有自己本班文化特色的标识。

设计内容

三、案例设计

(一)案例名称

班级文化标识设计与制作——基于PBL理念的班级综合实践活动案例。

(二)案例目标

设计、制作具有本班鲜明特色的文化标志——班旗、班徽、班歌,并力图将静思班的精神理念融入其中。

(三)小组分工

班徽组	陈安欣,江妤欣,蓝巧玲
班旗组	袁子依,杨紫灵,贺宇轩,宋德文,熊得智
班歌组	彭子芸,贺宇轩,岳江尧

(四)推进预期

推进步骤	时间	预期成果
第一轮讨论	7.16—7.24	1.建立QQ讨论群,便于线上交流 2.每位成员提交一个设计方案 3.将方案进行对比,择优选用
初步设计	7.25—7.26	主创成员对方案作进一步设计
第二轮讨论（多次）	7.27—8.18	1.成员对方案进行交流讨论,提出修改意见 2.提交班级群,广泛收集同学和家长的建议 3.请教导师 4.意见收集完成后,做最后的修改

续表

推进步骤	时间	预期成果
完成设计	8.18	提交终稿
完成制作	8.19—8.30	制作出成品
总结反思	9.1	开交流会，完成总结反思

四、案例实施

经讨论，项目执行同学分三组分别执行，分别是：班徽组、班旗组和班歌组。另聘请导师入组指导。导师：谭喜梅、杨可盈。班歌组导师：卢毅伦，邱嘉淇。设计方案分为班徽、班旗、班歌三份，各以不同颜色标识。具体如下：

班徽组设计方案

【初稿】手绘版

【设计思路】

徽章外围为蓝色，寓意静思班班风宁静、平和、沉稳、踏实。

"步步踏实做，分秒不空过"是我们的班级口号，分列于徽章上方两侧。"快乐学习，健康成长"寄托了老师对我们的殷殷期望，置于底部，就像老师爱的叮咛，温暖地托起了我们。中环醒目地标示着"感恩、尊重、爱"，这是我们的班级精神，也是我们追求的人生态度。

正中间则是醒目的"静"，意思是"静思"；着以活力的橙红色，是希望同学们朝气蓬勃、活力四射，在"步步踏实做"的同时也要时刻保持热情，与"静"字底部活泼的蓝色浪花相映成趣，形成动静结合、静中有动的画面。蓝色浪花也像一只只小手，启示我们静思班的金字招牌需要我们每个用心托起。而外围环绕着的太阳是金黄色的，暗含传递温暖与正能量之意，寓意每位同学都能用自己的爱心温暖身边的每个人。

附：设计图初稿

班徽初稿

【终稿】手绘与电子相结合版

修改如下：

① 为表示规范，我们将徽章外围的手绘线条调整为标准的圆形；

② 为显示独特性，也考虑到徽章要长期使用，我们将"七（10）"班改为"坪山实验学校静思班"，这样即使到了九年级或很多年以后聚会时，这个徽章也能继续使用。

班旗组设计方案

【Step1】确定初稿

问题1.班徽组设计的班徽不能很好地与横面旗子融合在一起，排版出现问题。

解决方案：改为竖面旗子版式，内容改为擅长的漫画人物形象。

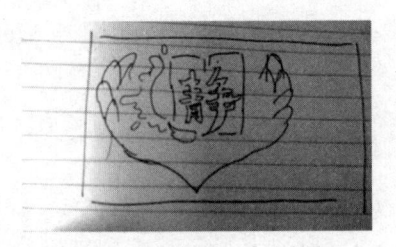

问题2.初步尝试画人，画面十分奇怪。

解决方案：进行修改，中和多种元素，试试多种方案，取最优方案。

问题3.初稿中线条不是很明显。

解决方案：具体效果等到上色再进行调整。

【Step2】研究旗面尺寸比例

过程展示

【Step3】研究配色方案

配色方案

问题：翅膀因为后面一层光影变得不是太突出，光影十分抢眼，并不能起到很好的衬托作用。

方案修改

解决方案：将翅膀下方的光影改成深色系，同时与上层光影有一点过度，使中央主体有一种立体感、厚实感。

【Step4】调整旗形款式

问题：无法定制出我们预想的旗子。

解决方案：舍去旗杆，做成挂式的旗子。

班歌组设计方案

【设计思路】

从七年级入学第一天起，放学时间老师就会在班歌声中送别学生，因此同学们对于班歌都有一种特别的感情。在很多动人的班级场景中，同学们都曾用歌声来传情达意，表达内心的喜悦与感恩。

我们的第一首班歌是殷正洋的《人间有爱》；第二首班歌是童声伴手语表演的《感谢》。在这两首歌曲中，大家都体会到了爱与温暖，于是在班歌创作中，我们努力尝试将班级文化元素融入歌曲中。

【Step1】

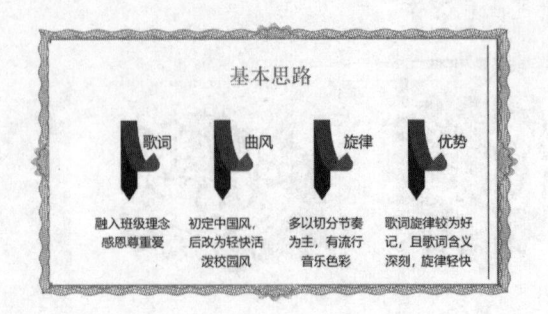

基本思路

歌词	曲风	旋律	优势
融入班级理念感恩尊重爱	初定中国风,后改为轻快活泼校园风	多以切分节奏为主,有流行音乐色彩	歌词旋律较为好记,且歌词含义深刻,旋律轻快

【Step2】

初步设计

1. 接到任务后当晚就建小群讨论曲风（初定国风,宫调式）

2. 构思歌词（第一版歌词由岳江尧同学编写,参考的是街边的广告韵脚,大家对这版歌词有较大争议,于是决定写第二版歌词）

附：歌词初稿

2020年7月22日 17:43
爱铺满人间
美就在眼前
我们希望每一个人都可以挂上笑脸
感恩藏在心里边
这世界值得留恋
千锤百炼
责任扛在双肩
勿忘青春的誓言
梦圆
不负父母师长爱的微涟
人人头顶一片天
尊重每一个想与念
幸福的平等的烟
不要让它退潭

【Step3】

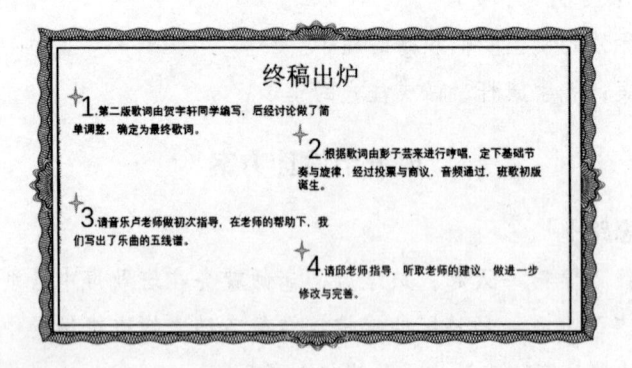

终稿出炉

1. 第二版歌词由贺宇轩同学编写,后经讨论做了简单调整,确定为最终歌词。

2. 根据歌词由彭子芸来进行哼唱,定下基础节奏与旋律,经过投票与商议,音频通过,班歌初版诞生。

3. 请音乐卢老师做初次指导,在老师的帮助下,我们写出了乐曲的五线谱。

4. 请师老师指导,听取老师的建议,做进一步修改与完善。

五、案例评价

采用评价量表形式，包括参与态度、合作精神、创新能力三个维度，以及自我评级、小组评价、家长评价和教师评价多个方面。

姓名（ ）	自我评级	小组评价	家长评价	教师评价
参与态度	☆☆☆☆☆	☆☆☆☆☆	☆☆☆☆☆	☆☆☆☆☆
合作精神	☆☆☆☆☆	☆☆☆☆☆	☆☆☆☆☆	☆☆☆☆☆
创新能力	☆☆☆☆☆	☆☆☆☆☆	☆☆☆☆☆	☆☆☆☆☆

六、案例成果

班徽	"双徽"交映，我是麒麟优秀学子，也是坪山实验静思班的典范学生！
班旗	校运会助威，有我摇旗呐喊！
班歌	作品展示1： 静思班班歌音频链接（歌名暂定为"2019年相遇的那天"） 演唱者：静思班学生彭子芸 作品展示2： 《2019年相遇的那天》歌词 2019年相遇的那天 日光正好 照耀了同学生疏的面颜 爱铺满人间美就在眼前 我们希望每个人都挂上笑脸 千锤百炼 感恩藏在心里面 梦想值得用心去实现 责任扛双肩 肩并肩向前 也勿忘青春誓言 几行雁飞绝那风起云烟 平生书长埋这静思班 四季如梭守护每个明天 光阴似箭尊重每份想与念 人心怀一份爱 不负长辈爱的微涟 作品展示3：曲五线谱（略）

七、案例反思

（一）填写小组评价表

学生填写小组评价表

（二）开展活动分享会

本次项目过程让每位参与的同学都收获满满，当中亮点不少，但也有不足之处有待改进：

班徽中间正上方的名称应该加上"2019届"字样，应该写为"坪山实验学校2019届静思班"，这样更能展现出我们的独特性；

班歌曲谱是五线谱，没有翻译成简谱，导致后期在学唱班歌的过程中，部分同学不能识谱，增加了学歌的难度，于是又由彭子芸同学补上翻译版发给了同学们；

班歌演唱带为音频格式，如果能配上班级照片，做成视频格式会更生动。

（三）提交个人总结材料

个人总结摘录
贺宇轩：有幸参与两个小组，我对班级文化的感悟也更加深刻。两个项目的同时进行对我来说也是一个挑战，过程虽不易，但我也收获满满，知道了什么颜色能表现什么心情，有什么意义，歌词创作的押韵和声调。能亲手打造出独属于本班的特色班级文化标志，我倍感自豪
岳江尧：这次PBL项目给我的感触很大。首先，对我们本班的文化及内核有了更加深入的了解，我想这有助于我日后管理班级。其次，是对声韵的重温。虽然先前背过很多首诗词，但是这次的歌词写作让我对押韵有了全新认识。更重要的是，我真正明白了创作的灵感来源于生活，因为没有与同学们朝夕相处，就无法真正写出歌词来。街边的公益广告也给了我韵脚上的灵感，这使我开始认真审视街边的这些顺口溜一样的艺术
彭子芸：这次的PBL项目让我过了一把当音乐创作者的瘾，让我发现音乐创作是个非常有趣的事情，可以融入新奇的音乐元素，也可以做许多大胆的尝试。同时这对于我们来说，

续表

个人总结摘录
也是一个困难艰辛的事情。编写歌词时的痛苦与编曲时遇到的种种困难，至今仍然历历在目，最终才出来了这样一个班歌成品，它是我们班歌组共同的智慧结晶。这是一次有趣的音乐探索，也是一次历练，希望以后能将这种精神应用到学习与现实中，持之以恒，敢于尝试
陈安欣：为班级设计班徽，让我深刻地感受到了我们静思文化的精髓和内涵，也知道了静思文化有多么好，也就更想把班徽设计好，看到同学们佩戴在胸前的样子。我们三个人团结协作，一起设计出来的班徽，增强了我们之间的凝聚力。看到我们班同学佩戴着班徽走出班级，我心里就油然而生一股自豪之感
共同心语：这是一个充满挑战而又令人惊喜和自豪的项目，从任务分组到交流、构思、设计、反复修改，再到定稿制作，同学之间进行了无数的思维碰撞 通过这个PBL项目的探究，我们了解和接触到许多不曾关注的领域，收获了许多丰富的知识，如构图美学、色彩与心理、设计与制作的协作、旗帜材料的挑选、词曲创作与日常作文的区别、乐理知识、艺术创想等。在推动项目的过程中，同学之间、师生之间的沟通也更加频繁，在活动的引领下，极大地提升了班级凝聚力 总之，这不是简单的设计，而是集合了众人的智慧、蕴含了我们自己对班级静思文化理解的作品。能亲手打造出独属于本班的特色班级文化标志，我们倍感自豪

班级小集市

——小学生涯教育活动之职业体验

郑云霞

一、案例设计

（一）活动主题

开心集市。

（二）适用年级

五年级。

（三）活动场地

教室内外。

（四）活动目的

通过让学生在班级中模拟集市进行角色扮演，体验相关职业角色（宣传员、摆货员、收银员、记账员、销售员等），从而了解相关职业的工作内容，激发学生对职业的探究热情。

二、案例准备

① 学生分组。一组6人，分别分配相应的角色：宣传员、摆货员、收银员、记账员、销售员、顾客等。

② 活动前，销售方分小组商讨并准备集市售卖物品，定好价格，每样不高于20元。

③ 准备好店铺招牌、宣传海报，分好工。

④ 教师准备代币、店铺牌、奖状、PPT、投票小票。

三、案例实施

（一）集市准备

① 布置好8个小摊点，并标上序号1~8。

② 预备铃响前，播放音乐；预备铃声响，集市管理助理吹响开集集结号，各店主进集市进行店铺建设。（3分钟）

③ 课件出示相关主题。

（课件出示：开心集市）

④ 各店铺广告时间：学生以小组代表上台的形式进行广告，可以现场演说，也可以播放视频。（每家店铺30秒广告，共4分钟）

⑤ 教师小结：今天各位商家借助这个平台为自己的店铺做宣传，各显神通，精彩纷呈，相信大家都迫不及待了吧？接下来有请小助理。

小助理手敲锣，并宣布：开集啦！

（二）正式开集

① 活动规则：集市商家提前分工，各司其职，完成销售工作（至少卖出50元，最终按销售额高低进行评比）；每组顾客需在至少3个集市点购买4样物品，总价值超过40元。

② 商家招揽顾客，店铺宣传员及时做好宣传，以及做好其他能促进店铺

销售额的工作。

③ 顾客决定本次活动可支配数额分配方式，并按照要求进行物品采买。

（三）活动小结

① 店铺清点，评比出最佳销售店铺（按销售额）、最美店铺、最团结店铺（投票），颁发奖状。

② 学生业绩分享（成为本场活动销售冠军的秘诀是？）提示：前期人员分工准备、市场定位、摆货方式、销售过程信息的收集、销售策略等。

（四）教师小结

我们每个人在这个世界中都有自己的角色，今天我们通过班级集市，很多同学体验了一些角色，从中体会到了不同职业有不同的工作内容，承担着不同的责任，也明白了不同的角色需要不同的技能。今天很多小组通过良好的合作，圆满地完成了任务，也有一些小组因缺少合作没能完成任务。希望下一次，我们所有小组都能更好地协作，让活动更圆满。

四、案例评价

对于这样别开生面的活动，学生兴趣盎然，因此前期都进行了精心的准备。活动当天，各小组也能按照要求对自己的摊位进行认真布置。整个过程中，学生都能积极地参与活动的各个环节。在售卖环节，负责售卖的同学尽力吆喝，但是小组与小组之间因为距离较近，互相干扰，导致现场吵吵嚷嚷，无法听清楚学生是否按照要求进行了宣传。购买的同学没有根据教师给出的采购任务进行采购，以至于后面评比的环节难以真正去衡量活动目标是否达成。

五、案例反思

本着"体验相关职业角色，从而了解相关职业的工作内容，激发学生对职业的探究热情"的目标，我们在五年级各班级开展了"班级小集市"的职业体验活动。在这个活动中，学生以小组为单位，分配角色，有的学生能很好地找到适合自己的角色，而有的学生则不能。这就需要学生后续在更多的活动中不断探索，从自己的爱好和擅长领域出发，不断地在"职位"上发挥自己的特长，或者从实际出发，不断尝试不同的"职业"，找到能发挥自己特长的岗位。

本次活动设计，因为缺乏对学生招揽顾客的方式进行引导和要求，在

活动过程中就出现了吵吵嚷嚷的情况。在活动前,可以让学生的父母带学生去超市或者市场看看,通过观察摊主的售卖方式,归纳"招揽的技巧";同时教师也应提醒学生注意音量,安排一个市场监督员,如果音量超过宣传需要,则贴上"投诉"标签,最后在评比环节罚款。

班集小集市活动过程展示

我的学习我做主

——小学生涯教育活动案例

郑云霞

一、案例背景

古人云,三岁见大,七岁见老。这告诉我们,儿童早期对人一生的发展非常重要。科学研究也证明,培养孩子良好的行为习惯,儿童早期是最佳时期。我们在3~20岁基本处于学习阶段,所以良好的学习习惯,对我们在将近20年的校园学习生活中有重要的意义,激发学生的自主学习意识,培养良好的学习习惯,是小学生涯教育的一项重要内容。

二、案例实施

(一)生涯指南——学习生活知多少

列举从起床到睡觉,你一天中所做的所有事情。

同学们，今天我们要来梳理一下我们的一天，一天的活动是从什么时候开始（起床）的，到什么时候结束（睡着）。请大家在小组内梳理一下，然后小组代表用词语的形式，按照时间顺序写在空白的纸上。（教师巡视）

从同学们所列举的事情中，老师发现一个秘密。（把跟学习有关的用红色笔标出来）我给了大家一条提示，你们能发现这个重大秘密吗？（我们现在的生活中，绝大部分的内容跟学习有关，因为我们目前有一个重要的角色——学生）

（二）生涯鉴镜——我的学习我知晓

1. 排一排：明确自己的时间

出示第一组小贴牌：早读、课间休息（5个）、上课（6个）、放学（2个）。

学生上讲台将小贴牌按照时间顺序贴好。

出示第二组小贴牌：吃点心、喝水、吃饭、写作业、看书、看电视、上辅导班、阅读玩乐。

晚上回到家，你的生活是怎样的呢？请你挑选其中符合你实际生活的牌子，按顺序贴好。（请3名学生完成，学生贴好后拍照，屏幕共享）

2. 议一议：哪种安排更合理？

将学生排好的顺序牌照片屏幕共享，再分别请3位同学说一说，自己回家的时间和睡觉的时间。最后根据结果议一议：哪种安排更合理？

（三）生涯实践——我的学习我做主

写一份放学后（包括中午）的课后学习计划。教师下发计划表模板。

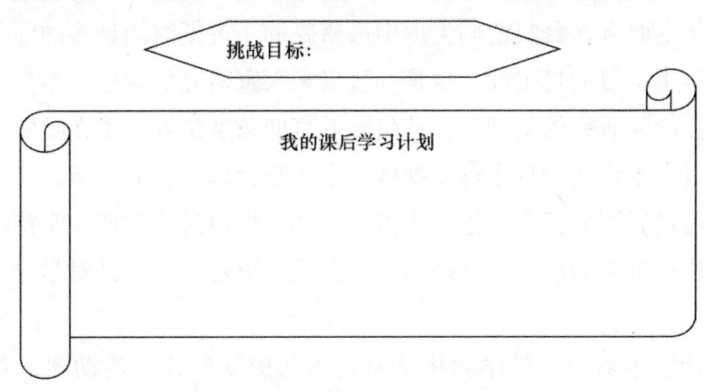

挑战目标：

我的课后学习计划

说明：

① 请把你课后学习的计划按顺序写在上方的框里；

② 每天坚持实施，完成一天，就在下方的芳草地上，用你喜欢的颜色按顺序涂抹一片叶子/花瓣。

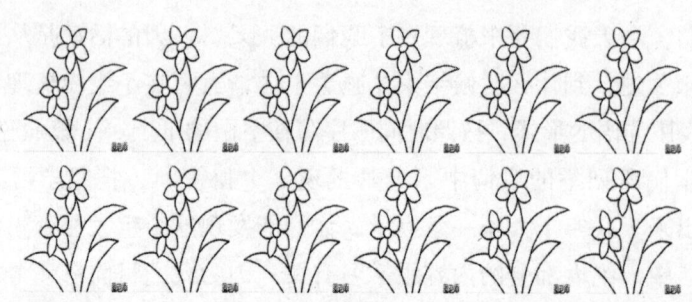

这一学期才刚开始，制订一份明确的学习计划，坚持不断地实践，有助于我们更好地管理自己的学习和时间，让学习变得越来越轻松。在此，我们制订出自己的学习计划并每天打卡，待学期最后，我们再来共同总结。

（四）生涯理想——理想，前进的方向

对于本学期的学习，你有怎样的期待呢？请大家结合自己的情况，认真想想，可以是大的方向，可以是小的方面，把它写在我们的目标区域。

教师总结：今天，大家在互相帮助中，不仅更加明确了自己的身份：学生，把自己一天的生活梳理得明明白白的，为你们点赞。最重要的是，我们都制订了一份计划，并写下了自己的奋斗目标。万事开头难，今天我们已经把难的事情做完了，希望大家坚持，一步一个脚印，坚持把自己的这段路走完。今天的计划表，同学们将各自带回家，希望在学期的最后，大家的计划表上的目标都能完成。

三、案例分析

对小学生而言，目前他们生活中最重要的、占据时间最多的便是学习。如何培养学生学习的自主性，也是一直以来大家研究的课题。本次生涯教育活动课，在前面研究的基础上，从生涯教育的角度出发，重在唤醒学生的自主性，通过自主认知—自主行动这样一个"知行统一"的环节，让学生自主内化，并通过后期的打卡，进一步落实，让学生通过一学期的坚持，获得自主学习给自己带来的启示：合理的时间安排，更有助于自己对学习、对生活的把握。

如何让学生对自己的学习生活有明确的感知？这节活动课，首先是让学生通过写出自己一天的生活事件，并观察生活事件。在教师的帮助下，学生很快就能发现自己每天大部分的时间都在学习，从而感知到自己这一阶段的重要角色——学生。认识到自己是一名学生？这听起来有点儿可笑，但事实上，我们很多人对自己的角色认知是不足的，因此一旦充分认识到自己的角色，明确自己的角色特点和任务，便能自觉或不自觉地去扮演自己的角色，承担角色任务。学生的主要角色特点便是学习，其包括课堂的学习和课后的学习，通过"贴牌排一排"的方式，学生进一步把握了自己的学习（生活），并在自主的排序中，唤醒了学生作为学习主体的自主性。

　　学生对学习生活的安排，直接造就了学生的学习习惯，因此在接下来"议一议：哪种安排更合理！"的环节，对比学生的安排，让学生自主讨论，并说一说自己认为哪种安排更合理，以及为什么，让学生在讨论中学习如何更加合理地安排自己课后的学习生活。

　　任何计划，如果缺少坚持，就等于没有计划，因此，通过坚持打卡的方式，让学生养成良好的课后学习习惯，并在坚持中获得成就感，唤醒自主学习的意识和养成习惯。

田园篇 | 菜地秘密

基于融合信息技术 教学改革

「融+」特色课程

菜地里的数学实践之楼顶种植案例分享

陈首红

一、案例背景

2020年3月20日，中共中央、国务院印发的《关于全面加强新时代大中小学劳动教育的意见》，提出劳动教育是中国特色社会主义教育制度的重要内容，直接决定社会主义建设者和接班人的劳动精神面貌、劳动价值取向和劳动技能水平，提出近年来一些青少年中出现了不珍惜劳动成果、不想劳动、不会劳动的现象，劳动的独特育人价值在一定程度上被忽视，劳动教育正被淡化、弱化。对此，全党全社会必须高度重视，采取有效措施，切实加强劳动教育。

《义务教育数学课程标准（2022年版）》中明确提出了"应用意识"这一核心概念，其有两方面的含义，其中一方面是要有意识地利用数学的概念、原理和方法解释生活中的现象并解决现实世界中的问题。在整个数学教育的过程中，都应该培养学生的应用意识，而实施劳动教育的综合实践活动就是非常好的培养学生的数学应用意识的载体之一。数学来源于生活，反过来又应用于生活。朱术磊在《慧·价值·文化：劳动教育对小学数学教学的内生意义》中的观点认为劳动教育是促进学生成长的重要教化方式，数学学习既有知识性学习又有劳动性学习的特点，将劳动教育与数学教学相结合，尤其在小学数学学习中应该让学生在实践中经历，在经历中成长，在成长中发展。在本课程中，数学知识在劳动中的有效应用，不仅能够优化劳动的过程，提高劳动的灵活性和有效性，实现创造性劳动，而且能让学生在应用数学的思维体验中更加热爱劳动、尊重劳动、崇尚劳动。

二、案例描述

菜地里的数学实践让学生在具体的动手实践与探究中，不自觉地解决了种植问题，进行了各种能力、各种方法和各种工具的综合运用，发展了各项劳动技能。这不仅有助于解决部分学生不珍惜劳动成果、光会死记硬背课本知识而不会劳动实践的问题，而且还培养了学生热爱劳动、尊重劳动、崇尚劳动的思想意识及良好的劳动习惯。

我们将带领学生通过制订种植前的计划、测量和计算，提高小学生的统筹和规划能力；通过播种和移植，提高小学生的劳动能力和综合素质；通过对行距和间距的规划，培养学生的科学思维方法，激发学生进行探究性学习的兴趣，增加学生对数学学科的学习兴趣；通过在菜园里进行种植活动，对数学知识进行实践应用，在增强学生对数学学习的乐趣的同时，培养学生良好的劳动意识，为学生日后的幸福人生夯实基础。

三、案例目标

① 通过菜地里的数学实践活动，提高小学生的统筹和规划能力，培养小学生的动手实践能力，提升综合素质。

② 通过具体的劳动教育，解决当代学生不会劳动的问题，培养学生良好的劳动习惯及热爱劳动、崇尚劳动、尊敬劳动的劳动意识。

③ 将数学教育与劳动教育有效结合，让学生感受数学的实用性，增强学生学习数学的兴趣。

四、案例设计

（一）所需时长

4~5周，每周40分钟。

（二）实施步骤、提交成果及时间安排

时间	任务名称	活动建议和要求	成果展示和形式	备注
第一周	调查楼顶四季能种植什么植物	驱动性问题导入 明晰学习要求 组建团队 确定种植物	以研究报告形式，完成《楼顶种植植物》的研究报告	

续表

时间	任务名称	活动建议和要求	成果展示和形式	备注
第二周	楼顶种植前的各项准备	讨论种植前的准备工作有哪些 学习如何翻地及除草 翻地及除草实践	劳动实践的学习心得	注明文献来源 图文并茂 附上活动照片
第三周	种植物的种植	根据种植物的情况确定播种时间 播种		
第四周	种植物的管理	根据不同种植物的特性进行管理 学习楼顶种植物管理的注意事项		
第五周	种植物的收获	查找种植物成熟的标志 学习种植物采摘的注意事项 实践种植物采摘		

（三）实施流程

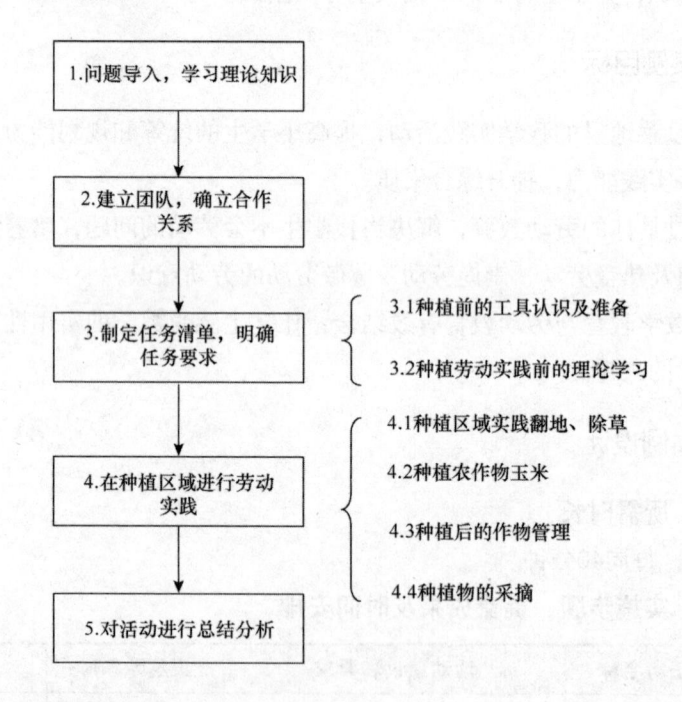

1. 问题导入，学习理论知识

2. 建立团队，确立合作关系

3. 制定任务清单，明确任务要求
   - 3.1 种植前的工具认识及准备
   - 3.2 种植劳动实践前的理论学习

4. 在种植区域进行劳动实践
   - 4.1 种植区域实践翻地、除草
   - 4.2 种植农作物玉米
   - 4.3 种植后的作物管理
   - 4.4 种植物的采摘

5. 对活动进行总结分析

五、案例准备

① 种植环境：学校楼顶菜地。

② 实践工具准备：锄头、镰刀、水鞋、草帽、手套、蔬菜瓜果种子等。

③ 提前准备学习单。

六、案例实施

（一）驱动性问题导入

现在的学生生活在大城中，很少接触土地，体验农作生活的机会非常少，基本上没有参加过劳动种植活动。因此，让学生参与劳动实践非常有必要。楼顶的种植让学生在具体的动手实践与探究中解决种植问题时，进行各种能力、各种方法和各种工具的综合运用，发展各项劳动技能，还培养了学生热爱劳动、尊重劳动、崇尚劳动的思想意识及良好的劳动习惯。

本项目包括如下几个任务：

调查深圳的楼顶菜地能种植哪些植物。

分析研究学生在楼顶菜地能种植哪种合适的植物。

研究学习楼顶菜地的种植注意事项有哪些。

分析研究种植蔬菜的劳动过程。

如果要对深圳楼顶种植进行推广，你会如何做？

（二）明确学习要求

① 遵守纪律听从安排，携带的工具（镰刀、锄头）不能随意挥动，以免伤及他人。

② 每小组按要求完成任务，组员之间互相帮助。

③ 因劳动是长期的，每次活动都要做好相关记录，写好心得体会。

④ 每次进行劳动实践，都要做好防晒、防护，准备必要的防护用品。

⑤ 植物的成长需要时间，不要急于求成，要一步一步来。

（三）组建合作团队

"菜地里的数学实践"成员分工表			
序号	组长	成员	优势
1			
2			
3			
4			

（四）理论知识学习

1. 上网查找相关信息

学生通过网络、文献查找深圳楼顶能种植的植物，学习种植的步骤及方法，学习种植的相关注意事项。

学生在网上查找资料

2. 向有经验的菜农学习

理论知识终归是纸上学习,还是需要躬身向有经验的菜农学习,这样可以使自己少走一些弯路。

学生徒手拔草

(五)劳动实践

1. 认识并学习使用劳动工具

学生通过科普短片了解锄头形态的演变过程,结合数学的几何知识,讨论锄头的形状为什么有利于劳动的进行。模仿教师的动作,尝试使用锄头。在实践中体会锄头特殊的几何形状对劳动过程的影响。学生分组实践,教师巡视指导,发现问题及时纠正。

2. 菜地里实践种植前的准备:翻地

通过观察学习专业的技术,小组合作展开翻地、整平地块、播种的实践劳动。

学生学习完怎样使用锄头,亲手实践锄地

① 按照小组分好地块,利用数学原理进行规划,明确任务。针对不同面积的土地,要合理分配种植的农作物和劳动力。

② 小组合作，结合所学理论知识展开实践劳动：翻地，整平。

3. 播种

请一位菜农做种菜示范。

① 把土翻松。

② 种植（左手拿住菜秧的茎，右手握住种菜工具刨一个小坑，把菜秧的根轻放在小坑里，然后盖上土压好）。

③ 浇水（水要浇在根部；浇水要适量；要连浇三天）。

4. 学生动手试一试，体验播种

① 组织学生在刚开辟的空地上先松土，分成4畦。

② 分成2个小组，每组20棵菜秧，指导学生分组实地动手种植。（看谁种的方法正确，如有不会的同学，可让会种的同学作示范）

学生种植过程展示

③ 按照种植物的生长要求种植。让学生总结和记录植物生长中要注意的事项。学生结合已学过的数学知识，了解在移植过程中需要明确的数据，如玉米植株长到多少厘米可以进行移植。根据同学们收集到的资料，小组讨论移植玉米苗的方法。小组代表汇报方法并试着做一做，其余小组找出不足，并归纳总结方法。结合学过的数学知识，进行科学规划，提前测量好土坑需要的深度，提前准备不同量的水。学生分组进行移植，组员之间配合协助，教师

进行指导。

对不同的种植物进行管理

④ 种植物的水肥管理。学生根据收集到的种植管理方法，进行水肥管理。学生根据肥料包装上的成分表，读出相对应的百分数，解释每个百分数的意思；根据肥料使用说明，根据比例进行计算，得出所需肥料重量，并按要求给种植物进行松土、施肥。

对不同的种植物进行水肥管理

⑤ 种植物的采摘。结合之前的劳动经验，学生分享自己了解的植物成熟时具备的特点。引导学生将理论的特点与实际观察出的特点进行比较、判断。学生结合学过的知识进行实践观察，小组之间合作完成观察和记录等任务。学生讨论、观察、记录完植物成熟的特点后，对植物是否成熟就有了认知，接下来利用植物的样本让学生尝试进行采摘。通过实践，让学生检验自己的判断，在实践中感受植物成熟的特点。教师示范如何采摘植物，提醒学生注意手的位置、力度等。如果有刺等尖锐部分，需要提醒学生注意安全。为学生准备好采摘工具，让学生进行分组合作，教师巡视指导学生完成采摘。

七、案例评价

① 学生上交观察日记、过程图片及视频、活动感想等。

② 学生自己对本次活动过程及收获进行总结，并对他人及其小组做出客观公正的评价。

③ 评价。每人一份评价表，按要求完成评价。

附评价表：

班级_____   组员姓名_____

	评价内容	自评	小组评	师评	家长评
学习态度	1. 是否认真参加活动 2. 是否能仔细观察、思考问题 3. 在活动中是否能积极动手动脑 4. 是否认真查阅相关资料 5. 在活动中是否按时完成了任务 6. 在活动中是否想办法克服困难				
合作意识	1. 在活动中是否能积极参与小组活动 2. 在活动中是否能主动帮助别人 3. 在活动中是否能主动寻求帮助 4. 是否能虚心地听取别人的建议、批评 5. 在活动中充分发挥作用了吗 6. 是否愿意和别人一起分享研究成果				
探究实践能力	1. 在研究过程中是否能独立发现问题 2. 这些问题是否得到了解决 3. 是否完成了观察记录 5. 成果交流，是否有自己独特的体会				
其他					

本活动以劳动技术学科为基础，有机融入其他学科的知识、技能等，以不同学科课程之间的横向联动来增加劳动教育的效果。

本活动作为学校社团课并纳入课时，这保证了项目的顺利实施，有助于活动目标的有效达成。

本活动的评价不仅关注最终结果，也注重过程，这使活动可以动态调整，以评促学、以评促教。

八、案例成果

学生研究报告一：

关于楼顶种植的研究报告

一、提出问题

深圳楼顶菜地能种植哪些植物？学生在楼顶菜地能种植哪些合适的植物？

二、撰写方法

网上搜集资料：

1. 深圳的楼顶菜地能种植哪些植物？

生菜、百香果、玉米、花生、西瓜、番茄等。

2. 哪些适合学生在楼顶种植？

首先我们有以下几个标准：

（1）选择阳性、耐瘠薄的浅根性植物。

（2）选择耐旱、抗寒性强的矮灌木和草本植物。

（3）选择抗风、不易倒伏、耐积水的植物种类。

（4）选择常绿，冬季能露地越冬的植物。

白萝卜、胡萝卜较少生病虫害，种植简单方便，对土壤、水分要求不高，不易倒伏，但是喜欢凉爽天气，而深圳夏季漫长并且天气炎热，只适合春季、冬季种植。

生菜：喜欢光照，土用沙质土较合适，不耐炎热。

百香果：喜欢光照，对土壤、水分要求不高，但是要搭架子，是攀爬植物，因深圳夏季多台风暴雨，不适合楼顶种植。

玉米、花生、大豆：耐炎热、干旱，喜欢光照，不易生病虫害，种植简单方便，不用花很长时间打理，比较适合学生种植。

番茄、西瓜：喜欢阳光，对土壤、水分要求一般，种植方便，比较适合学生种植。

	病虫害	光照	需要水分	对土壤的要求	倒伏	种植时间
生菜	易	喜	较多	疏松、肥沃	不易	较长
百香果	不易	喜	较少	透气、水性要好	需搭架	
玉米	不易	喜	较少	沙质土	不易	
花生	不易	喜	较少	沙质土	不易	
西瓜	不易	喜	较少	都适用	不易	
番茄	不易	喜	较少	壤土、半沙质土	不易	

符合以上标准的植物有：

番茄、花生、玉米、西瓜。

3. 总结

最后，通过筛选。番茄、花生、玉米、西瓜是适合学生在楼顶菜地种植的植物。

学生研究报告二：

楼顶菜地种植注意事项研究报告

一、土壤厚度

泥土的厚度最好在15cm以上，否则阳光强的话，土易开裂，种出来的菜要么死掉，要么细得像牙签。

二、水分保持

楼顶种菜要经常早晚浇水，中午高温时不能浇水。烈日暴晒时给蔬菜浇水，不但不利于土壤和蔬菜根部吸收水分，而且土壤里过多的水分在烈日下快速升温，很可能烫死蔬菜根部细胞，使蔬菜出现根部烂死。

三、肥料

每一周到半个月要在土里撒上一些肥料，如磷肥、氮肥等。量不易多，次数可多。

夏天的时候给蔬菜施肥，最好选择晴天傍晚，等土壤降温后，先浇水，再施肥。露天的蔬菜，雨淋后也不要施肥，大量长时间水泡的蔬菜，再加上肥料作用，也会导致烂根。

土壤栽培可选用传统肥料，也可使用营养液。若用传统肥料，最好选用有机肥，包括植物性肥料和动物粪肥等，尽可能不用化学肥料，因化肥会残留酸根或盐根，盆土会变成酸性或碱性，影响植物的生长。

四、选品种

楼顶上地方有限，再说泥土不可能太厚，所以最好是种一些可以快速成熟的蔬菜。

夏季以耐热、喜光、耐旱的低矮植株品种为主，冬季以耐寒性强的叶类菜为主。

春夏季适合长豇豆、丝瓜、辣椒、茄子、秋葵、空心菜、苋菜。

冬季种植芹菜、菠菜、花瓶菜、大蒜、小葱、香菜、小白菜等。

五、松土

要经常松土透气，松土用具以小铲或尖铁棒为主，松土深度以1cm为度，过深易损伤根系。夏冬季都可以在泥土表面覆盖各种枯草秆和茶叶渣，可以保温保湿，还可以增加土壤有机质。

六、及时采收

生长期不宜过长，生长适度后就要及时采收，以免植物变老，失去食用价值。采收后，要添加新的有机质，以使后续植物生长吸收利用。

九、案例反思

（一）确保学生安全，不能出安全事故

由于是在小学生中开展劳动实践，很多工具，学生是第一次见识，以为是玩具。上课前一定要先上安全教育课，强调在楼顶不能打闹，更不能拿着锄头等劳动工具进行玩耍，以确保学生的人身安全。

（二）适时提出方向，帮助学生解决问题

由于小学生知识面有限，生活经验不足，教师在学生遇到问题后，一方面要鼓励学生尝试多种解决办法；另一方面要有针对性地为学生提供相关的专业知识，引导学生主动发现问题，并加以解决。

（三）亲身劳作，养成良好的劳动习惯

无论是除草、翻地还是浇水、施肥和采摘，一定要让学生亲身经历。有些学生怕脏怕苦怕累，要积极动员其改变想法，进行实践。引导学生树立正确的劳动观念，端正劳动态度，懂得尊重他人的劳动成果，养成良好的劳动习惯。

和玉米一起成长

马红燕

一、案例背景

随着课程改革的进一步推进，2017年，教育部颁布了《普通高中课程标准（2017年版）》，明确提出了地理核心素养主要包括区域认知、人地协调观、综合思维和地理实践力。初中地理是高中地理学习的基础，培养地理核心素养必须从初中抓起和落实。开展地理实践活动，可以为学生提供更广阔的学习空间，引导学生学会自我学习；同时，还可以有效构建地理学习与直接经验的联系，落实"学习对生活有用的地理"的课标理念。2020年，中共中央、国务院《关于全面加强新时代大中小学劳动教育的意见》对新时代加强劳动教育做出了顶层设计和战略部署，劳动教育是与德育、智育、体育、美育互融的教育，是全面发展教育体系的重要组成部分。从国家层面到地方，再到学校都在大力提倡劳动教育，包含不同内容的劳动教育课程是丰富多彩的。

但是，长期生活在城市里的学生，由于缺乏生活经验，不了解玉米的

繁殖和栽培；感受不到春天"田水冷冰冰"，夏日"汗滴禾下土，粒粒皆辛苦"。通过设置以地理为核心，围绕生物、历史和劳动教育的"和玉米一起成长"的融合课程，引导学生参与玉米的繁殖和栽培、收获与制作，让学生充分体验并激发学生对学习和劳作的兴趣，有效提升实践力，学会团结协作。同时，通过玉米的种植，可以培养学生对乡村劳动的认同感和感恩心。

二、案例描述

为了帮助学生认识玉米，我们把学校楼顶开辟成了一块玉米田，引导学生体验从育种、锄草、施肥、除虫、收割、晾晒，到最后享用香喷喷的玉米这样一系列的体验活动课程。再结合四季变换设计具有相应特色的体验活动，引导学生观察玉米从一颗小小的种子到发芽、生长、开花、传粉、受精、成熟的整个过程，让学生探索植物生长与生命的奥秘；还可以引导学生参与体验制作玉米须茶、糯香玉米排骨、玉米饼等美茶美食，体验收获的喜悦。此外，大自然是最好的教育领域，我们要充分开发利用学生身边的自然学习资源，让学生去体验、去参与。作为教师，我们应该是学生成长的引路人与协作者，而不是主导者，相信通过我们的玉米田，我们的学生和玉米都会茁壮成长！

三、案例目标

① 查阅有关历史、地理和生物资料，总结归纳玉米的历史、种类及分布，分析玉米生长所需的自然条件及生长特性，总结归纳玉米繁殖、栽培和病虫害防治注意事项。能够制作2种以玉米为食材的美食。

② 结合四季变换情况，观察玉米从种子开始，发芽、生长、开花、传粉、受精到成熟的整个过程，感受春播、夏种、秋收、冬藏的农村生产与生活，通过玉米繁殖和栽培，掌握玉米种植的流程和技术，参与制作松仁玉米、玉米蒸糕、棒香玉米、酒酿玉米小圆子等美食，进而提高厨艺、热爱生活。

③ 通过玉米的种植，培养对乡村劳动的认同感和一颗感恩的心，亲身体验"汗滴禾下土"，养成节约粮食的行为习惯，形成珍惜粮食的意识，提升对学习和劳作的兴趣，更多地关注"三农"问题，提升劳作技能，培养劳动意识。

四、案例设计

（一）所需时长

12周，每周1节课，40分钟。

（二）适用年级

七年级、八年级。

（三）学习主题、实施步骤与时间安排

单元	主题	周次/课时	学习内容	实施要求
第一单元	初识玉米种	1/12	1.通过观察、手摸、实验，深入认识玉米种的结构 2.绘制玉米种子结构图 3.收集不同种类的玉米种，并进行合理筛选 4.讨论玉米种保存应注意的点，并进行归纳总结	1.通过观察和实验，掌握玉米种结构，培养科学实验的意识和方法 2.通过观察玉米种，引导学生关注农业，加强对农业的认同感
第二单元	走近玉米	1/12	1.通过查阅互联网资料，总结归纳玉米的起源与历史并分享 2.利用所学地理知识，结合深圳市自然条件，分析玉米的生长条件 3.利用中国农作物分布图，DIY中国玉米分布图	1.通过分析深圳的地形、气候资料图，总结归纳玉米生长所需的自然条件，形成因地制宜的观念 2.通过史料总结玉米的起源历史，培养科学的历史社会观
第三单元	播种玉米	1/12	1.通过视频、图文资料，学习播种玉米应该注意的事项 2.学习农具的使用方法，并平整好土地，进行播种	1.通过实地参观玉米地，查阅资料和视频，知晓播种玉米的相关事项 2.动手去播种，去参与，实行劳动教育，有利于培养感恩之心
第四单元	玉米种生根发芽	1/12	1.结合视频资料和玉米种，通过观察、学习，归纳玉米种发芽破土过程 2.绘制玉米种发芽破土的示意图 3.学习玉米幼苗常见病虫害并进行防治	1.通过查阅资源，结合自己播种的玉米田，进行观察，归纳总结玉米发芽破土的过程，提升观察研究能力 2.通过观察玉米种子从胚芽不断发育，慢慢突破种皮，体会生命的奥秘

续表

单元	主题	周次/课时	学习内容	实施要求
第五单元	玉米苗期管理	2/12	1.通过视频资料，知道从出苗到拔节这一阶段称为"玉米的苗期"，并进行实地观察 2.进行苗期管理，小组合作进行查苗补苗、中耕除草、防治虫害 3.观察玉米苗缺水情况，及时进行浇水	1.通过实地管理玉米苗，明确从出苗到拔节这一阶段称为"玉米的苗期"，培养善于观察的习惯和能力 2.通过观察玉米苗的成长，培养善于观察、实事求是的科学态度，感受小生命的顽强精神
第六单元	玉米施肥	1/12	1.购买市场上常用的玉米肥料，通过看说明、对比、观察，了解其主要作用 2.结合土壤和玉米的生长情况，做好施肥计划 3.通过视频学习如何施肥，并挑选合适的时间进行施肥	1.通过实地观察市场上常用的肥料，进行对比分析，进而了解其功能 2.通过了解肥料，明确农作物高产需要科技支撑，树立科技兴农的意识
第七单元	玉米洒水	1/12	1.通过土壤水分测试仪的说明书和指导教师操作示范，学会正确科学使用土壤水分测试仪，培养学生收集信息和处理信息的能力 2.通过土壤水分测量、洒水等活动，引导学生关注生活中农作物的生长，培养学生乐于探索的精神	1.引导学生查阅资料，了解土壤水分测试仪 2.通过网购平台，进行对比分析，选购合适的土壤水分测试仪 3.进行土壤水分测试和记录，并做好洒水计划 4.进行适当洒水，为玉米生长提供充足的水分
第八单元	玉米授粉	1/12	1.通过视频学习，了解授粉过程，学会人工授粉 2.用报纸制作取粉器，干净的瓶子可作为授粉器 3.采集花粉之后，要用筛子去除花粉中的粉囊、颖壳等杂物，然后再转入授粉器中准备授粉 4.在指导教师的指导下，进行人工授粉	1.制作取粉器及授粉筒，对没授粉的新鲜花丝，进行人工授粉 2.通过授粉活动，激发学生学习生物的兴趣和对科学的求知欲
第九单元	制作玉米须茶	1/12	1.利用互联网，查阅有关资料，分享玉米须的作用与功能 2.结合视频学习选择玉米须的方法，亲自选择合适优质的玉米须 3.与家长、朋友一起制作玉米须茶并品尝	利用选择好的玉米须，制作玉米须茶并分享，培养乐于分享的习惯和动手能力

续表

单元	主题	周次/课时	学习内容	实施要求
第十单元	晚收玉米	1/12	1.查阅资料，了解玉米晚收的好处及判断依据 2.比较机械收割玉米和人工收玉米的区别和差异 3.以小组为单位，人工收获玉米并进行脱粒 4.写一篇种植玉米的散文	1.通过视频学习如何收玉米，学会人工玉米脱粒技术 2.体验劳动带来的喜悦，并爱上劳动。通过参与种植玉米，加强对农业的认同，养成关注"三农"的习惯
第十一单元	玉米美食分享会	1/12	1.查阅资料，总结用玉米制成的主要农副产品 2.观看视频，学会制作美食和传统小吃 3.布置班级，邀请亲朋好友、老师分享美食	1.查阅资料，总结归纳用玉米制成的主要的农副产品，培养收集信息、归纳总结的能力 2.通过动手耕种、管理，享受收获和分享的喜悦，培养积极向上的精神面貌，增强农业大国的自豪感

（四）实施流程

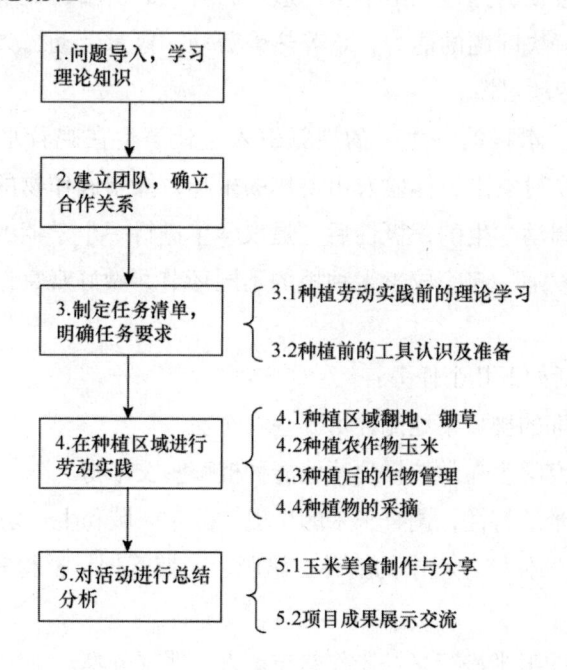

1. 问题导入，学习理论知识
2. 建立团队，确立合作关系
3. 制定任务清单，明确任务要求
   - 3.1 种植劳动实践前的理论学习
   - 3.2 种植前的工具认识及准备
4. 在种植区域进行劳动实践
   - 4.1 种植区域翻地、锄草
   - 4.2 种植农作物玉米
   - 4.3 种植后的作物管理
   - 4.4 种植物的采摘
5. 对活动进行总结分析
   - 5.1 玉米美食制作与分享
   - 5.2 项目成果展示交流

五、案例准备

（一）种植环境

学校楼顶上不同区域的菜地（学校劳动教育基地）若干。

（二）实践工具准备

提前准备好学生的劳作农具，包括锄头、铁锹镰刀、水鞋、草帽、手套、玉米种子、蔬菜瓜果种子等。

（三）学习支架

提前准备好整个项目在不同阶段所需的学习任务单，帮助学生厘清知识逻辑和实践操作步骤。

（四）评价工具

项目的不同阶段都需要相应的评价任务单来帮助学生进行回顾反思，因此，教师需提前准备好每个项目阶段的评价单与反思单。

六、案例实施

（一）驱动性问题导入

我国具有悠久的农耕历史，是一个农业大国。但我国的城市学生对农作物种植较为陌生，可谓"四体不勤、五谷不分"。为了解决这个问题，我们积极开发教学楼顶的土地，给学生创造"农耕"的机会，让学生在动手耕作的过程中提升解决问题的能力，培养热爱劳动、尊重劳动、崇尚劳动的思想意识及良好的劳动习惯。

本课程用"水稻的一生"的视频引入，让学生在观看水稻种植与生长的过程中感受乡村氛围，体验农田耕作的乐趣，探索农作物的种植与生长过程。通过视频调动学生的积极性后，提议学生进行一个学期的"楼顶玉米种植活动"，和教师一起完成玉米种植的不同环节并做好观察记录，最终形成研究报告。

本项目包括如下几个任务：

① 调查深圳的楼顶菜地能种植哪些农作物。

② 分析研究学生在学校楼顶菜地能种植哪些农作物。

③ 认识玉米的特性，调查玉米的历史、分布区域和生长条件。

④ 参与玉米种植过程中的播种、施肥、苗期管理、授粉等环节，并做好观察记录。

⑤ 对收获的玉米进行烹饪制作并与家人、朋友分享。

⑥ 小组合作完成"楼顶玉米种植"研究报告并进行汇报交流。

⑦ 如果要对深圳楼顶农作物种植进行推广，你会如何做？

（二）明确学习要求

① 遵守纪律，听从安排，携带的工具（镰刀、锄头等）不能随意挥动，以免伤及他人。

② 每小组按要求完成任务，组员之间互相帮助。

③ 因劳动是长期的，每次活动都要做好相关记录，写好心得体会。

④ 每次进行劳动实践，都要做好防晒、防护，准备必要的防护用品。

⑤ 植物的成长需要时间，不要急于求成，要一步一步来。

（三）组建合作团队

教师在分组之前先调查了解每个学生的兴趣爱好和擅长之处，再根据学生的意愿进行分组，保证组员的异质性，尽量做到性别和能力均衡。

序号	组长	成员	分工
1			
2			
3			
4			

（四）理论知识学习

1. 初识玉米种

玉米是我们人类重要的粮食作物之一，耕种与食用的历史相当悠久，中国是世界上玉米栽培历史最悠久的国家之一。为了帮助学生认识玉米，这节课从认识玉米种开始，通过观察和实验，掌握玉米种结构，学会鉴别玉米种子。

（1）学习内容

① 通过观察、手摸、实验，深入认识玉米种的结构。

② 绘制玉米种子结构图。

③ 收集不同种类的玉米种，并进行合理筛选。

④ 讨论玉米种保存应注意的点，并进行归纳总结。

（2）具体操作步骤

【导入新课，介绍玉米】

播放介绍玉米的视频，视频讲述了玉米的由来、传入中国的历史、玉米的粮食地位、玉米对人类历史发展的作用等。

【带领学生观察玉米种】

① 给每组学生提供新鲜的玉米种子，让学生把观察到的玉米种子结构写

下来。

② 结合图片讲授玉米种子的结构。

③ 给每组学生提供实验装置，带领学生通过实验进一步了解玉米种子的结构。

④ 每组学生观察完玉米种子后，结合老师的讲解内容填写表1：

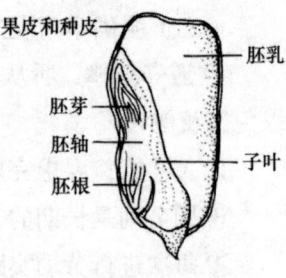

玉米种子结构示意图

表1 观察种子的外形特征

第___组　　地块：_____　　组员：_____

序号	种子名称	形状	大小	颜色	软硬	其他
1						
2						
3						

【学会辨别玉米种子】

① 给各组学生提供至少5种不同种类的玉米种子，并介绍各种子的生长习性。

② 带领学生认识不同玉米种子。

③ 介绍深圳的气候条件，为学生选择适当的玉米种子奠定知识基础。

【玉米种储存】

① 播放有关"种子基因库"的介绍视频，引出种子储存的条件。

② 为学生提供有关种子保存的文字材料。

2. 走进玉米

中国是生产玉米的大国，生产生活中对玉米的需求也较大。学生要学会从地理的视角分析适合玉米生长的地理环境，并树立因地制宜的观念。

（1）学习内容

① 通过查阅互联网资料，总结归纳玉米的起源和发展历史并分享。

② 利用所学地理知识，结合深圳市自然条件，分析玉米的生长条件。

③ 利用中国农作物分布图，DIY中国玉米分布图。

（2）具体操作步骤

① 讲授玉米生长所需的自然环境条件，包括水热、光照条件等。

② 给学生提供深圳市的地理环境资料，包括气候、地理位置、光照条件

等资料。

③ 评价学生归纳出的玉米生长条件，并进行适当总结。

（五）劳动实践

1. 认识并学习使用劳动工具

（1）购买农具

教师根据项目内容所需提前为每个组购置耕作农具，包括锄头、铁锹、镰刀、水桶、浇水器材等。

认识农具

（2）使用农具

将农具分发给每个小组，为学生介绍每个农具的特点和使用方法，学生在教师的陪同下初步学会使用农具。此外，教师要着重强调学生在使用农具的过程中要注意安全。

2. 选地

（1）学习地图平面图画法

先让各组学生在教室集合，教师为学生展示楼顶菜地的照片，然后带领学生回顾地图平面图的画法，强调比例尺、图例注记和方向标的使用，并为每组学生提供一张空白纸张用于绘制楼顶菜园的平面图。

（2）实地选"菜园子"

带领各组学生到学习楼顶实地参观菜地，并让学生从提前划分好并用栅栏围起来的地块中选择自己组的"菜园子"（每块地的大小、土质、光照强度基本一样，对后期各组玉米生长差异的影响较小）。

各组选地

（3）绘制楼顶菜园子平面图

各组学生选择好地块后根据课堂所学绘制楼顶菜地平面图，并在图上标出自己小组所选择的地块。

3. 种植区域锄草、翻地

（1）锄草

带领学生对楼顶荒地里的野草进行处理，运用下发的劳动工具锄草，指导学生先用手拔草，再用小铲子铲除草根，最后把清理出来的杂草放到楼顶花坛里作为生物肥料。

（2）翻地

锄草工作完成后，各组分别进行翻地工作。在翻地之前，引导学生思考翻地的原因，以及为什么不直接挖坑播种玉米。学生在理解翻地利于农作物更好地吸收土壤当中的营养物质后开展翻地工作。教师提醒学生在这个过程中注意操作步骤和自身安全。

锄草、翻地

4. 玉米播种

学生大多没有农耕经历，缺乏实际耕作经验，对农具、播种方法都不熟悉，需要在教师的引导下开展播种活动。学生在这个过程中体验农耕的乐趣，学习农作物播种知识。

（1）观察玉米种子

教师提前买好不同的玉米种子，包括水果玉米、糯玉米、葡萄玉米等。每组学生讨论、选择要种的玉米。

（2）播种玉米

学生进行挖坑和播种

① 播放种植玉米的视频，让学生提前了解播种玉米的流程，并为各小组发放播种玉米的流程图。

② 现场为各组学生示范如何播种玉米，包括平整土地、拔除杂草、挖地、撒种子、施肥、盖土、覆膜等步骤。

③ 在各小组播种的过程中，对不正确的做法加以纠正，并提醒学生注意安全。

5. 种植后的作物管理

（1）玉米生根发芽

学生已经播种了玉米，对玉米种植有一定的了解和热情，应该抓住玉米生长的这个珍贵的过程，让学生进行记录，并用心爱护小苗（做好病虫害防治工作）。

学习内容：

① 结合视频资料和玉米种，通过观察、学习，归纳玉米种发芽破土过程。

② 绘制玉米种发芽破土的示意图。

③ 学习玉米幼苗常见病虫害，并进行防治。

具体操作步骤：

【成长记录】

① 为各组学生提供"玉米成长记录表"，教会学生边观察边填表，并提供已有的玉米成长种植记录表供学生参考。

② 带领各组学生去玉米地观察玉米成长情况并做好记录，提醒学生观察的重点。

玉米发芽示意图

表2　种植记录

日期	天气	植物生长情况描述（发芽、土壤湿度、根叶生长、病虫等）	我的活动（播种、锄草、松土、施肥等）	我的收获

③ 对各组学生的"玉米成长示意图"进行评价和修正，并存档。

【做好防治病虫害工作】

① 介绍玉米种植中常见的病虫害类型，为学生科普如何解决类似的病虫害问题。

② 带领学生去自己的玉米地观察玉米苗是否存在病虫害问题，并提醒学

生及时防治。

（2）玉米苗期管理

玉米苗破土而出后会面临苗期管理的问题，正好可以趁此机会培养学生的观察能力和实事求是的态度，让学生知晓"拔苗助长"的弊端，感悟成长规律和生命的坚韧。

学习内容：

① 通过视频资料学习，从出苗到拔节这一阶段称为"玉米的苗期"，并进行实地观察。

② 进行苗期管理，小组合作，进行查苗补苗、中耕除草、防治虫害。

③ 观察玉米苗缺水情况，及时进行浇水。

具体操作步骤：

【总结苗期生长特点】

带领学生观察玉米苗苗期的生长特点，并引导学生总结归纳。

【苗期管理】

指导学生发现玉米苗苗期出现的问题，如缺苗、有杂草和虫害等，并教会学生查苗补苗、中耕除草、防治虫害。

玉米苗苗期示意图

（3）玉米施肥

玉米苗在生长的过程中需要施肥，这给了学生学习肥料的机会，让学生在动手施肥的过程中了解农业科技的作用，树立科技兴农的意识。

学习内容：

① 购买市场上常用的玉米肥料，通过看说明、对比、观察，了解其主要作用。

② 结合土壤和玉米生长情况，做好施肥计划。

③ 通过视频学习如何施肥，并挑选合适的时间进行施肥。

具体操作步骤：

【制订施肥计划】

① 带领学生实地观察市场上常用的肥料，进行对比分析，了解其功能，并做好记录。

② 讲解学生搜集的肥料的作用和使用方法。

③ 讲解玉米为什么需要施肥及如何科学地做好施肥管理工作。

④ 指导学生的玉米施肥计划，对计划的科学性进行评估和修正。

【学会施肥】

① 给学生播放讲解如何施肥的视频，为学生归纳出施肥流程图，并分发给各小组。

② 带领学生给自己的玉米地进行施肥。

（4）玉米浇灌

① 结合视频案例讲解浇灌农作物的不同方式及其特点和需要改进之处，包括喷灌、滴灌、大水漫灌等方式。学生在比较每种浇灌方式的优劣后选择适合自己组的浇灌方式。

玉米苗施肥

② 分组浇灌。各组同学在教师的指导下，运用浇水工具有序地浇灌自己组内的玉米地，并做好安全防范和节水措施。

玉米浇灌

（4）玉米授粉

① 通过视频，了解授粉过程，学会人工授粉。

② 用报纸制作取粉器，干净的瓶子可作为授粉器。

③ 采集花粉之后，要用筛子去除花粉中的粉囊、颖壳等杂物，然后再转入授粉器中准备授粉。

④ 在指导教师的指导下，进行人工授粉。

人工授粉

6. 采摘玉米

① 查阅资料，了解玉米晚收的好处及判断依据。

② 比较机械收割玉米和人工收玉米的区别。
③ 以小组为单位，人工收获玉米，并进行脱粒。
④ 写一篇种植玉米的散文。

收获玉米

7. 玉米美食制作与分享

（1）制作玉米须茶

① 利用互联网，查阅有关资料，分享玉米须的作用与功能。
② 结合视频学习选择玉米须的方法，亲自选择合适优质的玉米须。
③ 与家长、朋友一起制作玉米须茶、品茶。

制作玉米须茶

（2）玉米美食分享会

① 查阅资料，总结用玉米制成的主要农副产品。
② 观看视频，学会制作美食和传统小吃。
③ 布置班级，邀请亲朋好友、老师共享美食。

玉米美食

七、案例评价

① 评价活动贯穿项目全过程，包括过程性评价和结果性评价。

② 学生上交观察日记、过程图片及视频、活动感想、玉米种植研究报告等。

③ 学生自己对本次活动过程及收获进行总结，并对他人及其小组做出客观公正的评价。

④ 每组学生在每个环节都有相应的评价表，最终等级由学生自评、学生互评和师评共同决定。

评价方式			评价指标
过程性评价（60%）	核心知识及应用评价	1.玉米生长的自然条件及生长特性	A.能够全面而清晰地分析玉米生长的自然条件及生长特性
			B.能够比较全面地分析玉米生长的自然条件及生长特性
			C.只能零散地说出玉米生长的自然条件及生长特性
		2.玉米繁殖、栽培和病虫害防治注意事项	A.能够全面地说出玉米繁殖、栽培和病虫害防治注意事项
			B.能够比较全面地说出玉米繁殖、栽培和病虫害防治注意事项
			C.只能零散地说出玉米繁殖、栽培和病虫害防治注意事项
		3.制作2种以玉米为食材的美食	A.能够熟练制作至少2种以玉米为食材的美食
			B.能够说出至少2种以玉米为食材的美食
	核心能力及应用评价	1.收集资料和整理	A.积极参与收集资料，能够正确整理资料
			B.参与收集资料，能整理一般的资料
			C.基本上不参与资料的收集与整理
		2.发现问题与解决问题	A.能够提出问题，结合所学，合作解决问题
			B.同伴提出问题后，能跟着小组一起去解决
			C.不能发现问题，也无法解决问题
		3.合作与参与态度	A.能做到全员参与，活动过程中精神饱满，有团队合作精神
			B.能做到全员参与，活动过程中精神面貌不太佳
			C.不能全员参与，活动过程中精神面貌不太佳

续表

评价方式		评价指标
结果性评价（40%）	撰写玉米生长观察报告	A.报告内容全面且充实，图文结合，可读性强
		B.报告内容基本上符合要求
		C.报告内容太过简单，内容不全
等级评定	最终成绩=过程性评价（60%）+结果性评价（40%） 评价等级：（1）85分以上为优秀；（2）70~84分为良好；（3）60~69分为合格；（4）60分以下为不合格	

八、案例成果

本项目的成果包括过程性成果和项目最终成果，过程性成果由观察日记、过程图片及视频、活动感想等组成，项目最终成果是指玉米种植研究报告，由小组合作完成并在全班分享交流。

学生的玉米种植研究报告示例：

玉米种植研究报告

一、提出问题

学校楼顶菜园可以种植哪些玉米？玉米从种子到生根发芽再到成熟的过程是怎样的？可以动手制作哪些玉米美食？

二、研究方法

课堂理论知识学习、上网搜集资料、动手实践经验记录等。

三、走进玉米

我们小组通过观察、手摸、实验，深入认识了玉米种的结构；还通过查阅互联网资料，总结归纳了玉米的起源与历史；并利用所学地理知识，结合深圳市自然条件，分析玉米生长条件；最后，利用中国农作物分布图，DIY中国玉米分布图。

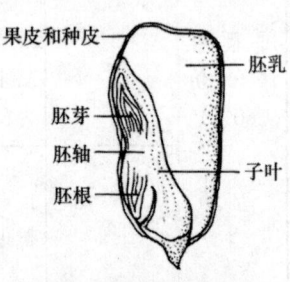

玉米种子结构示意图

四、播种玉米

我们组先通过视频、图文资料，学习播种玉米应该注意的事项；再学习农具的使用方法，并平整好土地，进行播种。在这个过程中，我们体

播"希望"

会到了农夫播散种子的心情，觉得我们不是在播撒种子，而是在播种希望。种子撒下去后，每天都会期待它们成长，这种感觉特别幸福。

五、玉米作物管理

玉米种下去后还有最重要的"作物管理"环节，包括苗期管理、施肥、浇灌、授粉等环节。其中，令我们组印象最深刻的是"浇灌"。通过土壤水分测试仪的说明书、指导教师操作示范，我们学会了正确科学使用土壤水分测试仪。这个过程培养了我们收集信息和处理信息的能力。测量土壤水分、洒水等活动，引导我们关注生活中农作物的生长，培养了我们乐于探索的精神。

喝"饱"了水

六、采摘玉米

我们在比较机械收割玉米和人工采摘玉米的区别和差异后，以小组为单位，人工采摘玉米，并进行脱粒，还写了一篇种植玉米的散文。"采摘玉米"是我们最喜欢、最有成就感的环节，看着玉米苗一天天长大，并最后结了大玉米，我们真的好开心呀。

我们组的大玉米

七、种植感想

在本次种玉米的过程中，我们不仅亲身体会了农民伯伯的辛苦，还亲眼见证了从玉米种子到玉米棒子的过程，收获满满，意义非凡。我们还体会到了"希望"的重要性，一粒种子就是一个希望，只要心中有希望，生活就会充实而快乐！

文化篇 | "非遗"面塑

基于融合信息技术 教学改革

"融+"特色课程

指尖有绝技，"非遗"传少年

——面塑与节气的融合与传承课程案例

林柳东

一、案例背景

深圳市坪山区坪山实验学校遵循"适性扬才，为大器人生奠基"的办学理念和"麒麟少年，品质公民，大气中国人"的办学目标，推出了"三维度七书院"的"优才课程200+"课程体系。学校以自主学习课程、拓展普及课程、个性特长课程三个维度为基础，"五化"优才课程，做到一学生一课表、一学科一体系、一年级一台阶、一书院一课群、一项目一跨越，并在实施过程中，围绕学科主题、场馆文化，不断优化，形成序列，九年融通，以高品质的课程全面提升学生素养。

二十四节气于2016年11月入选联合国教科文组织人类非物质文化遗产代表作名录。面塑里有节气知识，在多元文化的加持下，有了更多的中国叙事与中国表达。将面塑与节气进行有机融合与传承，可谓非物质文化遗产项目的碰撞交流与完美结合。结合本校优势与特色，以面塑和节气交互的"非遗"大师课系列课程在此基础上推出。

二、案例描述

2019年9月23日，在中华优秀传统文化非物质文化遗产进校园活动中罗湖区民间文艺家协会的艺术家们来到坪山实验学校，为同学们展示非物质文化遗产。马洪淼老师现场捏面塑，将活动推向了高潮，同学们纷纷举起小手，想和马老师一起分享那一个个有趣的小人儿。

2022年3月21日，第一期民间面塑公开课——《象形南瓜》在线上推出，近4000名师生家长同时在线，跟着马洪淼老师的教学步骤，一同用指尖感受"非遗"的魅力。

至今，我校共有七期"非遗"大师课在节气前后推出，收获了家校社的一致好评与巨大反响。

三、案例目标

（一）总目标

"非遗"大师课作为我校的特色课程，旨在综合但侧重于从传统文化、美育、劳动教育等方面培养学生的素质。在面塑和节气的相互交融中，让学生了解中国传统的民间工艺，体会民间传统文化。通过亲手制作各种面塑作品，了解其制作材料、工具、步骤及技法，体会面塑独特的艺术风格，同时培养、提高学生的动手能力和主动探究的能力，在课程的学习中促使学生思考解决问题的方法，明确自己遇到了哪些困难，并尝试通过个人努力找到解决办法。

（二）具体目标

① 在学习面塑的过程中，感知传统文化的千年传承与发展。培养文化自觉，做有知识、有文化的中国人；加强人格修养，涵养社会主义核心价值观；传承优秀传统文化，增强民族文化自信。

② 在欣赏和学习面塑作品的过程中，培养学生的美术核心素养和专业艺术修养，鼓励学生在理解和熟悉的基础上，结合自己的审美能力进行创造和创新，提高造型能力和设计能力。

③ 在亲手制作面塑的过程中，倡导学生热爱劳动，培养学生用勤奋创造美的意识，并从中感悟劳动的乐趣。

四、案例设计

（一）所需时长

每期课时为40分钟。

（二）适用年级

一至八年级。

（三）课程资源设置

与节气相关的PPT课件、宣传海报、全过程视频，学生动手制作的照片，学生动手制作的短视频。

（四）学习主题、实施步骤与时间安排

期数	推出时间	相关节气	面塑主题
一	2022年3月20日	春分	象形南瓜
二	2022年4月3日	清明	创意青团
三	2022年6月18日	夏至	蝴蝶卷
四	2022年8月6日	立秋	青蛙
五	2022年8月21日	处暑	刺猬
六	2022年9月10日	中秋	玉兔
七	2022年10月3日	重阳	重阳糕

五、案例实施

（一）以线上线下相结合的方式开展

坚持人本教育理念，线上加线下的方式能够最大限度地方便学生，争取做到"人人看得见，人人听得清，人人学得会"。站在学生的角度上思考问题，每期选择几位不同学段的学生进行线下跟学，在自身认真学习的同时为屏幕前的其他同学提供示范和参考。一些共性问题，师傅能够及时发现并进行指导。让学生对面塑有更加直观和全面的了解与实践。

（二）每期"非遗"大师课主要安排在周末或节假日，丰富了学生的课余生活

家长的陪伴与监督，保障了学生的人身安全，家长与学生进行亲子互动，可以让他们共同感受创作的快乐和艺术魅力；及时收集亲子作品照片和小视频，旨在鼓励家长与学生共同参与，使家长在体验面塑带来的快乐的同时，见证学生的成长。通过家校共育，为学生的成长赋能。

（三）在每期课程开始前，提前三天左右发布"非遗"大师课预告，方便学生准备本期课程所需材料

课程开始前，再次将相关信息发至家长群，确保学生不会错过课程内容。课程结束后，及时收集学生的面塑作品照片和小视频材料，进行编辑，及时在学校的公众号和视频号推出展示，并在年级内评比出最佳作品，进行奖励。

（四）利用我校独有的面塑继承人资源，将"非遗"文化根植于学生内心

我校员工马洪淼为非物质文化遗产捏面人继承人、广东省中小学劳动

教育基地"非遗"导师、深圳市"非遗"文化展演协会会员、深圳民间艺术协会会员，捏面人项目获区级非物质文化遗产授牌。在"非遗"大师课系列课堂上，利用我校独有的面塑继承人资源，让学生近距离了解面塑，学习面塑。进行简单但有必要的艺术教学，能将"非遗"文化根植于学生的心中，促进面塑艺术在校园内传承。

（五）聚焦"五育"并举，关注学生的核心素养教学

在"非遗"大师课的探索和教学过程中，注重传统文化教育、美育、劳动教育的整合交融，培养学生的综合素质。在课程中，注重培养学生对面塑的兴趣，激发学生的创作热情，培养学生的独立思考能力和自主创作能力。

（六）开设"非遗"大师课系列课程，为落实"双减"工作提供了强有力的支撑

作为课程改革的创新尝试，"非遗"大师课迈出了一大步，为全面推进新课程改革，不断提升教育教学质量，认真贯彻落实素质教育，努力践行为党育人、为国育才的使命，为培养德智体美劳全面发展的社会主义建设者和接班人贡献力量打下了坚实的基础。

六、案例评价

（一）将劳动教育真正落到实处，促进"五育"并举

《义务教育劳动课程标准（2022年版）》规定学生要学会炒菜、煮饭、炖汤等实践技能，结合"双减"政策的实施，学生家庭作业中的书面作业减少了，实践活动作业增多了。"非遗"大师课的开展，让学生锻炼了劳动技能，其目的不是为父母分忧解劳，而是培养学生的综合素质。看似简单的劳动，给学生带来的独立、自信、自强是其一生的财富。

（二）坚定不移落实"双减"政策，社会反响热烈

充分发挥学校的资源优势，坚定不移地落实"双减"政策，创新教育教学服务内容，关注学生个性发展，将面塑课程打造成学校的特色教育品牌，提升知名度和美誉度。寓教于乐、寓学于乐的教学理念贯穿始终，并将其发展成我校教育的一大特点。

（三）坚持人本理念，促进学生全面发展

我校始终坚持全面发展的教育理念，构建全面培养的教育体系，助推教育高质量发展，让校园缤纷起来，让每位学子心中有梦、眼中有光、脚下有路。

（四）担当使命，传承与发展中华优秀传统文化

传统文化要在学生群体中焕发活力，需要进行身体力行的实践。我校"非遗"大师课系列课程的开展，培养了学生对传统文化的兴趣，提升了学生保护非物质文化遗产的认识，使"非遗"真正植根于校园、萌芽于课堂、绽放于心中。我校坚持牵手"非遗"文化，助力"非遗"传承。时代更迭，文化传统不应该隐退，而应该再度发出耀眼光芒，如同经过擦拭的镜子，照见一个民族的历史、当下和未来。保护、传承珍贵的文化记忆，是现代教育的重要作用，更是坪实学子义不容辞的责任！善于继承才能善于创新，在延续的民族文化血脉中开拓前进！

七、案例成果

（一）清明时的《创意青团》

（二）夏至时的《蝴蝶卷》

（三）立秋时的《青蛙》

（四）重阳时的《重阳糕》

面塑蝴蝶卷：活力在线，活态再现

——"非遗"艺术创新教学案例

林柳东

一、案例背景

面塑艺术是我国的非物质文化遗产之一，俗称"面花""礼馍""花糕""捏面人"等，是用面粉、糯米粉等原料制作各种人物或动物形象的传统民俗艺术。面塑作为民俗节日中的馈赠、装饰信物或标志，经过几千年的传承，早已成为中国文化和民间艺术的一部分，是研究历史、民俗、雕塑、美学不可忽视的实物资料。

旧社会的面塑艺人"只为谋生故，含泪走四方"，挑担提盒，走乡串镇，做于街头，深受群众喜爱，但他们的作品却被视为一种小玩意儿，难以登上大雅之堂。近年来，面塑艺术面临着规模较小、社会大众认同感和参与感较低等问题，作为民俗文化保护的内容之一，面塑艺术的传承与保护问题日益严峻。党的十九大报告中指出，要深入挖掘中华优秀传统文化蕴含的思想观念、人文精神、道德规范，结合时代要求继承创新，让中华文化展现出永久魅力和时代风采。如今，面塑艺术作为珍贵的非物质文化遗产受到重视，小玩意儿也走入了艺术殿堂。

广东主要以米饭为主食，以米制成各式点心、小吃，颇具岭南特色，与北方的面食文化形成鲜明对比。但广东饮食文化具有开放性、兼容性、开拓性等特点，在深圳，这些特点尤为明显。学校开设"非遗"大师课系列课程，将优秀传统文化和非物质文化遗产项目引入校园。课程活动突出综合性，注重融合各学科资源，相互渗透，立体推进；突出实践性，采取课内课外、线上线下的形式，多措并举培养学生实践操作能力。我校员工马洪淼为非物质文化遗产捏面人继承人、广东省中小学劳动教育基地"非遗"导师、深圳市"非遗"文化展演协会会员、深圳民间艺术协会会员，捏面人项目获区级非物质文化遗产授牌。

二、案例目标

① 在学习面塑的过程中，感知传统文化的千年传承与发展。培养文化自觉，做有知识、有文化的中国人；加强人格修养，涵养社会主义核心价值观；传承优秀传统文化，增强民族文化自信。

② 在欣赏和学习面塑作品的过程中，注重培养学生的美术核心素养和专业艺术修养，鼓励学生在理解和熟悉的基础上，结合自己的审美能力进行创造和创新，提高造型能力和设计能力。

③ 在亲手制作面塑的过程中，倡导学生热爱劳动，培养学生用勤奋创造美的意识，并从中感悟劳动的乐趣。

三、案例实施

（一）探趣

师导入：通过前面的面塑学习，同学们已经对面塑有了一定的了解，那么今天我们来制作一群活力满满的小蝴蝶，请同学们看看我事先准备好的蝴蝶卷。相信经过这一节课的学习，大家也能做出一样漂亮的小蝴蝶。（向学生展示面塑蝴蝶的成品）大家可以将其当作参考，同时要大胆发挥自己的想象，创做出自己的面塑作品。

生：观察、欣赏面塑成品，并进行交流。

师：蝴蝶卷，一款形似蝴蝶的花卷，可以做原色的，也可以将食物本身的颜色作为天然健康的色素做出五颜六色的蝴蝶卷。比如，南瓜是黄色的，胡萝卜是橙色的，紫薯是紫色的，菠菜是绿色的……今天我们就利用黑米粉一起来制作灰蝴蝶卷。

（二）趣作

1. 回忆手法

师：我们回忆一下面塑的基本手法。

① 搓：两个手的手心相对，把面放在手掌中间，手指伸直并拢，双手来回做相反方向的运动。搓的作用是使面团变成长条形或是圆柱体。用不同的方法搓，还可以产生不同的效果。搓的时候，两只手各部分用力均匀，那么搓出的圆柱体就两头一样粗细；如果一头用力一头轻，那么搓出的圆柱就一头粗一头细；如果用拇指的食指搓，还可以把面团搓成像线一样的细条。

② 捏：这里的"捏"主要是拇指和其他手指相向用力。一般以拇指和食指、中指相向用力为主，无名指和小指起辅助作用。捏是面塑制作的主要手法之一，一般来说，用捏的方法可以做出所需要的任何一种形状。

③ 团：和"搓"的动作比较接近。搓是双手来回运动，而团是双手手心相对按顺时针或逆时针方向做圆周运动。团的结果一般是把面加工成球的形状。

④ 压：两手手心相对，把面放在中间，手掌或手指相互用力，把团状或块状的面加工成扁扁的动作。也可以把面放在垫板上，用一只手向下压。

（老师实时展示四种技法）

2. 展示工具

师：面塑主要用双手来制作，但我们为了把作品做得更好，需要用到一些辅助工具，如菜刀、剪刀、梳子、镊子、擀面杖等。

3. 实践制作

师：理论知识大家已经掌握了，接下来就是我们的实践环节了。请同学们跟着我的步骤，开始制作。

师：用温水将酵母和白糖化开，加入面粉，搅拌成面絮状，和成面团，面要和得稍微硬一点儿，好造型。盖上盖子，放到温暖处发酵。

教师示范

（老师作示范，学生分别制作）

师：发酵到两倍大，取出排气，收圆。搓成长条，均匀分成8份。取一份搓长，粗细和手指差不多。顺两头卷成蝴蝶的雏形，用筷子在两个圆距离下面三分之二处夹一下，把面团切断，形成蝴蝶的触角。依次做好全部，盖上保鲜膜，二次发酵到1.5倍大。

学生制作展示

（老师做示范，学生分别制作，老师相机指导）

师：大火把水烧开，放入蒸屉上，中火蒸10分钟，再焖5分钟。蝴蝶卷出锅时，掀锅盖要快速，防止蒸汽扑到蝴蝶卷上，影响美观。在家里操作的同学，最好在父母的帮助下完成这一步骤。

（老师操作，过程中提醒线上学习的学生要注意安全）

（三）趣吃

（老师将面塑作品盛出，并展示给学生）

师：同学们的作品已经完成，现在请你们看看是否还能认出自己的作品。

生：当然能，毕竟是我们亲手做的。

师：同学们都能认出自己做的面塑作品，因为我们每个人做出来的蝴蝶卷都是独一无二的，都倾注了我们自己的劳动和心血，里面有我们的创造和我们的期盼。现在我要请同学们带着期盼，来好好尝尝我们的劳动成果。

（学生品尝自己的面塑作品——蝴蝶卷）

生：没想到我自己也能做出又香又软的蝴蝶卷。

生：还真的是又好看又好吃。

（学生发表自己的"吃"后感）

（四）趣说

师：同学们发现自己做的蝴蝶卷又好看又好吃，主要是因为我们用自己的双手制作了"非遗"面塑作品。今天，我们都是"非遗"的传承者。在这节面塑课结束之前，我们来分享一下自己的感悟吧。

生：做面塑很有趣，也很好玩。

生：制作时需要耐心和细心。

生：面塑是"非遗"文化，我们要将它传承下去。

（学生分享制作面塑的感悟）

师：伴随着蝴蝶卷的香味，我们这一期的"非遗"大师课就到了尾声，同学们，让我们下期再见。

（师生道别）

四、案例反思

"非遗"艺术永远流传，传统文化浸润童心。非物质文化遗产犹如历史的讲述者，而学生不仅是这些丰富的非物质文化遗产的传承者，更是受益人。本次面塑蝴蝶卷的教学课堂，活力在线，活态再现。

（一）领略面塑之美

陶行知先生曾说："生活即教育。"课堂上，为了让学生从生活中受到启发，感受传统文化的魅力，马老师向学生介绍了面塑的基本知识和简单的制作技法，打破了隔阂，拉近了"非遗"文化和学生生活之间的距离，鼓励学生动脑、动手，并细心指导学生制作蝴蝶卷。在此过程中，美育与劳动教育融合体现在学生的作品里。

（二）传承面塑技艺

学生认真听完讲解，纷纷拿起面团，迫不及待地开始制作。大家按照马老师所教的步骤，专心致志地捏面团，通过揉、捏、团、压等方法，制作出了栩栩如生的面塑作品。面塑需要创造力和感悟力，同学在边做边玩中，逐渐认识到"非遗"课程所蕴藏的文化价值、教育价值。它带给同学们的不仅是快乐的体验，更是动手能力的提高、文化内涵的浸润和精神世界的成长。

（三）助力文化振兴

非物质文化遗产是珍贵的、具有重要价值的文化信息资源，也是历史的真实见证。"非遗"保护，重在传承，而传承不仅在于"精神"的传承，更在于"人"的传承。"非遗"大师课在小小的面塑里注入了时代特色，对学生传承中华传统文化系起精神纽带作用。

学校是"非遗"文化传承的一片沃土，通过简单的面塑制作，学生感受到了传统文化艺术的深刻魅力，让面塑技艺深植于学生内心。让学生在欣赏、学习、玩乐的同时，增进了对"非遗"传承保护项目和"非遗"传承工作的认识和了解，使学生对"非遗"传承保护工作不再陌生，进而对"非遗"传承项目产生兴趣，愿意学习祖国传统文化技艺，为"非遗"项目的传承和发展播撒了希望，也使"非遗"传承保护工作真正走入学校，走近学生，走进生活。

"跟着大师学面塑"劳动课程教学案例

黄红盛

一、案例背景

在"双减"政策的实施、"五育"融合的推进下，为丰富居家学习生活，展示宣传中国"非遗"的深厚文化底蕴，大力弘扬中华优秀传统文化，提高学生的动手能力、独立生活能力，我校开展了"跟着大师学面塑"系列线上公开课程，利用网络技术，全校师生家长同时在线，跟着我校马洪淼老师，一同感受"非遗"的魅力。

二、案例描述

"跟着大师学面塑"系列公开课已开展多期，每期课程或利用传统节日，或结合传统节气，都包含前期准备（活动预告海报、材料清单提示、教学设计准备等）、现场教学（马洪森老师主讲示范、学生代表现场学习制作、主持人引导串接等）、后续成果展示（现场学生作品及线下学生作品展示、优秀作品评奖）及网络宣传等内容，整体课程内容丰富、结构完整、特色突出、影响广泛，开展以来受到了师生家长的好评。

三、案例准备

（一）师资力量

马洪森，非物质文化遗产捏面人继承人，广东省中小学劳动教育基地"非遗"导师，深圳市"非遗"文化展演协会会员，深圳市民间艺术协会会员，现就职于坪山实验学校北校区食堂。2021年6月，在坪山区"向党100周年献礼"活动中，创作面塑作品《中共一大会址》；2017年7月，面塑作品荣获云南省工艺美术十一届（工美杯）铜奖；2017年2月，其作品在坪山区民族手工艺品展示活动中取得第一名。

（二）技术支持

腾讯会议网络研讨会，最多可容纳两万名观众同时在线观看直播；学校备有专业摄像及投屏设备，可用于现场收音、转播；邀请专业团队现场拍摄，为学校视频号拍摄素材。

（三）场地及物资准备

学校内超轻黏土教室有操作台、洗手池等，便于现场操作教学；学校后勤总务提供相关材料、厨房用具。

和面盆、木案板、硅胶垫、锡纸垫盘（4~6寸超市有售）、蒸锅、刮板或者刀具、筷子、盘子、牙签、一次性手套。面粉250克、酵母5克、泡打粉5克、红糖50克、白糖10克、水120克（分两份用），花生油100克、豆沙或熟红豆粒200克、枸杞子100克、冬瓜糖100克、红枣碎100克、黑葡萄干或蔓越莓干100克、保鲜袋或保鲜膜。

（四）课程简介

课程项目名称	跟着大师学面塑		
实施年级	1~8年级	人数	约7000人
课程特色	"非遗"传承人大师教学 弘扬中华优秀传统文化 结合劳动教育，锻炼学生独立能力 家校联动，广泛参与，影响力大		

续表

课程项目名称	跟着大师学面塑	
主要教学目标	了解中华优秀传统"非遗"项目捏面人 学会做简单的中华传统美食 热爱中华传统文化，树立积极劳动、热爱劳动的意识	
学习成果	学生成果：个人作品	团队成果：系列课程
展示方式	现场、线上通过网络直播方式同时开展教学	

四、案例实施

（一）导入

各位屏幕前的同学们，大家好！欢迎来到坪山实验学校"非遗"大师线上面塑课堂！重阳节在历史发展演变中揉多种民俗为一体，承载了丰富的文化内涵。在民俗观念中，"九"在数字中是最大数，有长久长寿的含意，寄托着人们对老人健康长寿的祝福。庆祝重阳节的活动多彩浪漫，一般包括出游赏秋、登高远眺、观赏菊花、遍插茱萸、吃重阳糕、饮菊花酒等活动。今天由马老师给我们带来一堂"重阳糕"的课。让我们用最热烈的掌声欢迎深圳市非物质遗产捏面人项目传承人马洪淼，掌声欢迎！

（二）制作步骤

1. 调制面团

① 将泡打粉加入全部的面粉中拌匀，中间开窝，分批依次加入60~70克的水（提前把糖和酵母粉放在水内化开）。分别盖好静置约10分钟。

② 白色面坯：取一半面粉（125克）加入泡打粉拌匀，将酵母、白糖和水（65~70克）搅至熔化后分批次加入面粉中搅拌，和成白色面坯。

彩色面坯：面粉（125克）加入泡打粉拌匀，将酵母、红糖水（60~70克）或南瓜泥（70克）搅匀后分批次加入面粉中搅拌，和成彩色面坯。分别盖好静置约10分钟，擀开叠放。

将白色面坯和彩色面坯反复擀至表面光滑，分别擀成0.3厘米厚的长方片，压出或修饰成圆形或分别擀开与底托相当（长约13厘米为宜），抹上豆沙馅或撒上干果，将彩色面团叠放在白色面团上，依次铺4~6层。（可以一层白色、红糖，或一层南瓜豆沙馅，一层干果馅，注意要扎孔

2. 点缀成型
依次铺好后，最后一张面皮可根据喜好做出点缀。

3. 醒发蒸制
醒发1~1.5倍或用手轻捏能回弹即可蒸制，水开上笼蒸25分钟后出笼，晾凉后切开装盘。

4. 安全注意事项
安全无小事，地面、电器、燃气、热水、刀具等，请家长和小朋友注意，洗好手或者戴好手套后方可开始制作。在入锅蒸煮的时候，请大家千万注意，低年级的同学最好请家长来帮帮你，千万小心，不要烫伤了自己哦！

五、案例评价

评价维度	评价内容	等级描述	自评	家长评	师评
学习态度	学习目标明确，重视学习过程，学习态度端正 理论学习认真，实践过程仔细，按质按量完成任务 逐渐形成热爱劳动的意识，尊重自己和他人的劳动成果，坚持劳动 能自主探索、自主学习、自主实践，积极参与劳动	A：优秀 B：良好 C：一般			
操作过程	积极参与材料准备的过程，清楚所需材料的相关知识 在劳动过程中认真负责，先倾听思考再进行操作。能够按照步骤进行，细心耐心 劳动过程中做到勤俭节约，不浪费资源、粮食 劳动过程中能够保证"安全第一"，没有错误使用工具，安全操作 劳动过程中注意卫生，能够保持好自身及操作台的卫生情况 劳动结束后，能自觉主动地整理收拾操作台面	A：优秀 B：良好 C：一般			

续表

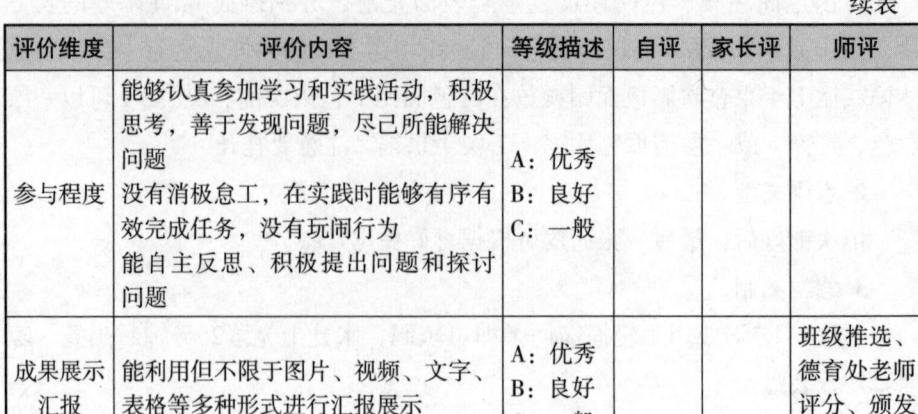

评价维度	评价内容	等级描述	自评	家长评	师评
参与程度	能够认真参加学习和实践活动，积极思考，善于发现问题，尽己所能解决问题 没有消极怠工，在实践时能够有序有效完成任务，没有玩闹行为 能自主反思、积极提出问题和探讨问题	A：优秀 B：良好 C：一般			
成果展示汇报	能利用但不限于图片、视频、文字、表格等多种形式进行汇报展示	A：优秀 B：良好 C：一般			班级推选、德育处老师评分、颁发奖状

面塑南瓜：回归生活，享受劳动

——"双减"背景下的劳动教学案例

冉麒琳

一、案例背景

劳动教育是中国特色社会主义教育制度的重要内容，对于培养社会主义建设者和接班人具有重要战略意义。2020年3月20日，中共中央、国务院印发《关于全面加强新时代大中小学劳动教育的意见》，为构建德智体美劳全面培养的教育体系，就加强新时代大中小学劳动教育提出意见。在以往的教育教学中，劳动教育常常被淡化、弱化，甚至被有意忽视、回避，这就导致出现一些青少年不珍惜劳动成果、不想劳动、不会劳动的现象，与社会主义建设者和接班人的培养要求有较大差距。为此，学校表明要切实承担劳动教育的重要责任，结合学段特点和所在地区实际，规划好劳动教育课程内容，不断改进劳动教育方法和组织形式，注重激发学生内在需要和动力，提高教育效果。

  2021年7月24日，中共中央办公厅、国务院办公厅印发《关于进一步减轻义务教育阶段学生作业负担和校外培训负担的意见》，要求各地区各部门结合实际认真贯彻落实。"双减"，一是减轻义务教育阶段学生的作业负担，二是坚决压减学科类校外培训。其主要是通过管控作业、提升课后服务水平、规范校外培训行为三种措施，缓解教育焦虑和促进学生全面发展、健康成长。作业是学校教育教学管理工作的重要环节，是课堂教学活动的必要补充，但有时候一些学校作业数量过多、质量不高、功能异化，既达不到温故知新的效果，又占用了学生正常的锻炼、休息、娱乐时间。校外培训与家长的焦虑情绪有一定关系，担心学生在学校没学懂、没学透或学得没别人多，而大量报名校外培训班，占用了学生的休息时间。"双减"政策的不断落实，有效减轻了义务教育阶段学生过重的作业负担和校外培训负担，强化了学校教育主阵地作用，构建了教育良好生态，有效缓解了家长焦虑情绪，有利于促进学生全面发展、健康成长。

二、案例描述

（一）把时间还给生活

  课程利用周末及节假日的休息时间进行，其原因有二：一是学校统筹安排课外劳动实践时间，帮助学生利用闲暇时间开展劳动活动，在劳动中全面发展、健全人格；二是"双减"政策后，义务教育阶段学生过重的作业负担和校外培训的负担得到有效减轻，闲暇时间变多，有的学生一时间陷入了不知道该做什么的困惑中，还有个别学生在闲暇时间沉迷网络或游戏。因此，我校开展面塑课程，旨在正确引导学生合理安排时间，为他们的周末和节假日增添乐趣，帮助他们回归生活。

（二）增长生活常识，不再"五谷不分"

  不少学生因为从小就过着"衣来伸手，饭来张口"的日子，"四体不勤，五谷不分"。本次面塑南瓜课因为是学生各自在家中观看学习，所以需要提前自行购买好食材，准备好工具，有利于学生增加生活常识。

三、案例准备

（一）工具准备

  面盆、木案板、硅胶垫、蒸锅、刮板或者刀具、筷子、盘子、牙签、一次性手套。

（二）食材准备

适量的油、熟豆沙馅料、熟制南瓜泥、烫澄面或熟烫面、糯米粉250克、南瓜泥250克、澄面50克（面粉）、糖50~100克、菠菜汁适量、胡萝卜1个。

四、案例实施

（一）和面

生：马老师，我们不能一次性将水全部倒进去吗？为什么要分批次地加入呀？

师：这里有一个小知识点，为什么要分批次加呢？这样可以避免我们一次性加太多水导致揉不成面团。

生：原来如此，看来心急吃不了热豆腐啊。

（二）准备不同颜色的面团

生：马老师，静置的时间里我们只能静静地等待吗？还有没有什么别的事儿能做呢？

师：为了下一步更好制作，在这期间我们可以把时间统筹起来，做点儿其他的事情，如先烧水或准备其他颜色的面团。用菠菜汁和绿色面团，可留出一点白色面团掺和豆沙混成淡棕色备用。

师：下剂后需要盖保鲜膜，防止吹干，搓圆球中间用手捏出一个小窝放入10~15克的馅料。注意包馅手法，我们在包馅料收口的时候一定要注意了，不要把馅料包在了外面，否则做出的南瓜就是个露馅的南瓜了。

（三）制作南瓜

生1：老师，为什么我的南瓜一压就裂开了啊？

生2：我的南瓜把工具都黏上了，这怎么办啊？

师：左手拿起面团，右手轻轻地用工具边转边压，由上往下压5至6下，压出南瓜的形状。需要注意的小细节：有的同学的面团比较干，压下外表比较粗糙，可以在压制前喷点水；有的同学的面团比较湿，可以在压制工具上涂抹点儿油，防止黏。然后依次压出，排序放好。取出彩色面团或预留的面团，先搓大长条，分出比南瓜球多一倍数量的小面团，一半搓成圆形，一半搓成条状；圆形捏出南瓜叶，长条揉成南瓜秆。

五、案例评价

很多学生,包括一些家长也弄不清澄面、糯米粉等食材是什么,但经过这一次课程的材料准备后,对面粉、玉米粉、澄面、熟豆沙等常用面塑材料有了具体了解。在准备和购买材料的过程中,也增加了学生的生活体验,丰富了他们的社会经验,让他们不再"五谷不分",不再"不知柴米油盐贵",而是为以后融入社会独立生活打下了一个小小的基础。

(一)体验面塑精彩,享受劳动乐趣

和面分面、包馅收口、塑型压纹、上锅蒸制……这些看起来似乎很简单的操作到真正上手的时候可没那么容易。现场和马老师一起学习的同学们,有的面粉糊到了脸上;有的手指沾上黏糊糊的面团,甩都甩不掉;有的被南瓜泥的汁水染黄了围裙;还有的好不容易塑好南瓜的形状,在压纹的时候却把里面包好的豆沙馅挤了出来……可谓状况百出,可是他们的脸上没有懊恼和气馁,反而更加专注地听马老师的要点讲解,再一遍又一遍不厌其烦地尝试,这就是面塑的精彩之处吧。对于从未做过面塑的同学而言,步骤有些复杂,注意事项也繁多,但在不断的尝试和挑战中看着自己的小南瓜慢慢成形,同学们心中也升起成就感。体验面塑的精彩,同学们不是为了上劳动课而劳动,而是沉浸在面塑的世界里享受劳动。

(二)亲子齐上阵,感情速升温

家长们的支持与配合也是本次课程获得成功的一大原因。在准备材料阶段,出现了因为周边大量学生需要而货源不足导致的供不应求现象,一些家长自发组队拼团,有的为学生找到了新的货源,有的邀请没买到材料的同学来自己家一起做,保证了学生能够顺利学习面塑。在学习制作的过程中,很多家长也全程在旁陪伴指导,甚至撸起袖子和学生一起学习,这让学生和家长之间的感情迅速升温,周末在一家人其乐融融的氛围下愉快地过去了。

六、案例成果

在本次课程播出后,我校还组织了面塑南瓜成果展示活动,同学们纷纷晒出自己的面塑小南瓜,不管品相如何,大家都是高兴的,有的同学说自己做的面塑南瓜比饭店里卖的还要好吃!经过本次劳动学习,学生体验到了面塑制作的不易,对粮食浪费行为有了新的反思;做出了自己的作品,品尝到了甜美的劳动果实;在玩中学,对传统手工艺——面塑也有了一定了解,可

谓一课多得。

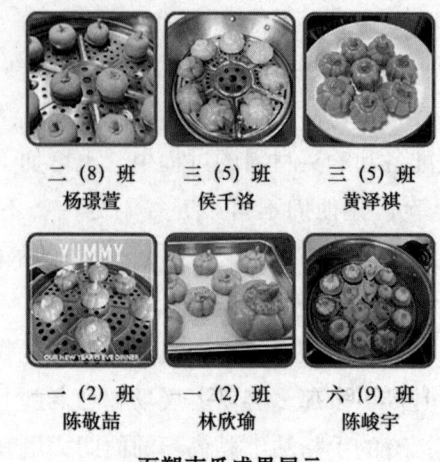

二（8）班 杨璟萱　　三（5）班 侯千洛　　三（5）班 黄泽祺

一（2）班 陈敬喆　　一（2）班 林欣瑜　　六（9）班 陈峻宇

面塑南瓜成果展示

创意青团：清明时节赏佳味

——以传统节日为载体的劳动教学案例

冉麒琳

一、案例背景

劳动教育是中国特色社会主义教育制度的重要内容，对于培养社会主义建设者和接班人具有重要战略意义。弘扬中华优秀传统文化无疑是引导学生增强民族自豪感、加深文化自信的重要举措，而在劳动教育中要体现这一点，传统节日中的传统美食制作就是一个很好的切入点。它既有能激发学生兴趣的趣味性，又具备"民以食为天"的实用性，可以作为连接传统文化和劳动教育的桥梁。

二、案例实施

（一）传统节日清明节：了解课程时节背景

师1：马老师，咱们今天要做的这道美食是什么呢？

师2：这样，主持人，给你一个提示，这道美食和一个中华传统节日有关，再给你几个线索，请你猜一猜。

（屏幕展示：春雨、杏花、牧童、酒家）

师1：天空下着细雨，杏花正娇艳，有位骑牛的小牧童手指向了远处的酒家。嗯……我的心里已经有答案了，屏幕前的同学们，你们猜出其中的关窍了吗？

生1：这首诗我会背。清明时节雨纷纷，路上行人欲断魂。借问酒家何处有，牧童遥指杏花村。

生2：今天要学的劳动课肯定和清明节有关。

师1：这正是唐代诗人杜牧在《清明》一诗中描绘的场景，看来咱们今天要做的这道美食一定与我国传统节日清明节有关。其实清明节不仅是我国非常重要的一个传统节日，它还是二十四节气之一呢。这时候春光明媚、草木吐绿，是最好的春游踏青时节。

师2：主持人猜得非常正确，今天我们要一起制作的就是一道清明节的传统美食。

设计意图：一些学生因为对传统文化缺乏一些基础的了解，导致即使是法定的传统节日，对他们而言也没有特殊意义，甚至不知道为什么多放一天。所以将劳动课安排在传统节假日，既丰富了学生的假期生活，又增强了他们对传统文化的认识。同时，选在传统节日当天播出，也加深了他们的印象，增添了一份传统节日的仪式感，更利于民族自豪感和文化自信的养成。

（二）传统习俗吃青团：了解课程选题原因

师1：清明节是一个什么样的传统节日？青团是什么？人们为什么要在清明节这一天吃青团？关于清明节吃青团的习俗，还有一些小知识要分享给大家呢，同学们请仔细听！

师2：在清明节吃青团，在古代主要是为了遵循禁火制度。因为在古代，清明节的三天不能开火做饭，所以需要吃寒食三日。除了传统的一些食物之外，大家就研究出来了青团，既好吃又能扛饿。而现在吃青团更多的就是为了尊重从古至今留下来的传统饮食习俗，也是为了纪念祖先。

（穿插介绍清明节来历的动画视频）

师1：原来一颗小小的青团里还藏着悠久的历史，承载了我们深厚的文化内涵！相信大家有了上一次的制作经验，现在已经摩拳擦掌、跃跃欲试了！那我们就将展台交给马老师，咱们的青团制作之旅马上开始。

设计意图：通过清明寒食的历史故事，引发学生的兴趣，让学生充分了解我国的传统节日习俗，增强民族认同感。

（三）传统食材艾草：了解课程选材缘由

生：老师，我记得上次我们做绿色的南瓜叶时用的是菠菜汁，今天怎么换了另一种绿色的食材啊？

师：这是艾草，又名"艾蒿"，是一类适应能力非常强的植物，除了极端气候地区外，在全世界各地广泛生长。就我国而言，只要是气候适宜的有泥土的地方，田间、路边、花园，都可以生长艾草。大家都听说过端午节挂艾草的习俗，却很少听说清明与艾草有关，一到清明一般只会想到踏青扫墓。其实清明时节的艾草是全年最新鲜的，这个时节的艾草色泽尤为鲜绿，最适合做像青团、艾粄、艾姜煮鸡蛋这类的小吃了。艾草具有特别好的驱寒、祛湿的药理效果，而且艾叶味道奇香，搭配其他食材也特别好吃，解乏又醒脑。

设计意图：艾草作为食材和药材，经常在我国传统节日、诗歌、典籍等中出现，帮助学生了解艾草，有利于引导他们认识我国传统文化的一部分，也让他们了解了一种常见材料的性质、用途，为以后的劳动打下一定的理论基础。

（四）传统技艺有新意

传统面塑的教学中包括了揉、搓、捏、压等多种技法，流传下来的传统面塑造型也有很多种，但开拓思维，发挥想象，传统的技法也能在我们的手中变出花样，迸发新的创意。同学们可以通过自己的劳动和智慧给予传统的青团丰富多样的创意塑型，让传统与创新迸出火花。

师：左手旋转，右手虎口收口，依次放好，用保鲜膜盖上，或把包好的面团放在托垫上准备蒸制。

生：马老师，这样一个小青团就算是包好了吗？那咱们今天这个作品很简单嘛！

师：是不是认为今天的课比较简单？这是客家先民传承下来的青团的一个制作方法。今天的重头戏还在后面，我们还可以制作很多有创意有新意的作品。接下来就进入我们今天的创意青团的制作。

老师先给大家打个样，清明时节雨纷纷，老师就做一个雨滴形状的青团：把面团轻轻地搓成水滴状，放在托垫上再用双手左右挤压下，用工具在中间压出中缝线，左右两侧从头部向尖的一侧斜压出麦穗状纹路（注意麦穗纹路的制作，可根据现场情况来选择使用工具）。

生：马老师，不知道大家有没有发现啊，我感觉这个形状很像咱们国家另一种传统美食，像春节吃的饺子。

师：造型是，但制作方式不是，是不是也像柳叶呢？大家也可以开阔下自己的思维，我们的这个创意青团还可以有些什么造型呢？你有什么更好的方法吗？可以将你自己独一无二的创造力和想象力注入其中。

美育篇 | 绘声绘色

基于融合信息技术 教学改革

「融+」特色课程

小手塑乾坤

——校本课"最特别的脸"教学案例

靳 洋

一、案例背景

（一）现实依据

世界上没有两片相同的叶子，我们每个人都是独一无二的。我们每个人的"脸"，也都各有特色，如有圆脸、方脸、瓜子脸、国字脸等，这些脸上的五官也长得不一样，眼睛、鼻子、嘴巴、耳朵形状不同，这些不同的要素构成了独一无二的个体。在平时的美术课堂中，我们发现学生在人物面部的表现上非常具有天分，他们小小的双手不需要教师过多的指导就能绘画出大师般的艺术作品。于是，我们以"脸"为主题设计一堂针对小学低段学生的超轻黏土课。在这堂课中，我们以最简单的超轻黏土技法让低段学生通过两个课时做出一个人像面具，以提高低段学生对超轻黏土的兴趣。

（二）课程依据

"最特别的脸"这一课用超轻黏土技法进行脸部的造型表现，在造型特点和表现手法上与国家课程中的很多人物表现课有着密切的联系，可以说是对儿童人物绘画的一种升华，同时是对校本课程中前面所学的基础泥塑造型技法的综合运用和巩固。在对基本泥塑作品制作方法的具体分析中，让学生自己探究出新的制作方法，强调"某部分的夸张或变形"。在设计的过程中，鼓励学生大胆创新，以创新精神和实践能力的培养为重点，突出学生的小组合作能力与动手能力，发展学生的好奇心和想象力，难易程度适合小学低段的学生。同时，这样的课程还拓宽了学生的艺术视野，使学生包容和尊重文化的多样性。

二、案例描述

小学低段学生对美术充满了兴趣，愿学、乐学。造型活动，以看看、画画、做做、玩玩为主，这个阶段的学生喜欢体验性强的游戏课堂，喜欢变现以自我为主题的物象，同时也爱玩好动，注意力集中不了太长时间，部分学生对超轻黏土的创作缺乏自信心。面对这些情况，教师不能以批评斥责为主，应贴合学生的兴趣，发挥低段学生丰富的想象能力，以互动、游戏等形式最大限度地激发学生对超轻黏土创作的兴趣。

三、案例目标

（一）总目标

通过本次活动，学会观察分析艺术作品中五官、表情、脸型的独特造型，运用夸张和变形等艺术手法制作奇特的脸。在超轻黏土创作中，善于分析超轻黏土特性，选取一个部位进行夸张变形错位，能够有自己独特的创作想法，主动进行小组合作式创造。

（二）具体目标

① 了解艺术作品运用写实、夸张和变形的创作手法对脸部进行塑造表现的方法；运用超轻黏土技法制作奇特的脸。

② 在欣赏感受、观察分析中发现形象各异的脸的特征和艺术魅力，在体验探究活动中运用多种艺术手法进行创新表现。

③ 感受艺术作品生动奇特的美感，激发学生大胆创新的积极性，体验泥塑造型的乐趣。

四、案例准备

多媒体课件、超轻黏土、陶塑工具、图片、配饰。

五、案例实施

第一课时（学习基本的超轻黏土技法）

（一）感受中国自古至今关于泥人制作的传统工艺

课件出示中国自古至今关于泥人制作的传统工艺，特别是关于泥人张的故事。

教师出示一块超轻黏土，以及一个泥娃娃。

提出问题：一块超轻黏土怎样才能变成一个可爱的泥娃娃？

（二）学生分小组，探索如何制作泥娃娃

1. 分组合作，探究问题，形成初步结论

分组讨论：一块超轻黏土如何变成一个泥娃娃？

学生得出结论：用团、揉、搓、捏、压、挖、堆塑等方法可以做成一个泥娃娃。（板书）

欣赏民间泥塑制作过程（图片或课件），肯定学生的讨论结果，引导学生学习民间艺人制作泥娃娃的方法，开阔思维。

再分组讨论：什么样的泥娃娃才是最可爱的？

形成初步结论：如外形圆圆胖胖的，表情调皮、笑眯眯的，色彩醒目的，等等。教师归纳。

2. 欣赏感受，深入探究

交流欣赏师生收集的泥娃娃实物、图片或课件，开阔学生的思维。让学生说说各自的感受及方法。

出示各种综合材料，如各色小豆子、小珠子、纽扣、花边、丝带、花粘纸等，以及各种如铅笔小棒等辅助工具，进一步启发学生的思维。

3. 创设情境，激发学生创作

准备展示台，举办"泥娃娃的世界"展卖会。

学生分小组，自由创作自己心中可爱的泥娃娃。

（三）评价

学生上台陈列自己的泥娃娃作品，并可"展卖"。展示交流，互相评价。鼓励学生进行自由交换，或赠送作品给好朋友。

（四）拓展学习

刚才我们制作的是可爱的泥娃娃，如何制作慈祥的老爷爷、老奶奶呢？

学生探讨，发现添加老花眼镜、拐杖可以让老爷爷、老奶奶的造型生动起来。

学生以小组为单位，制作一个老爷爷或老奶奶玩偶。

第二课时（合作完成超轻黏土大型作品"最特别的脸"）

（一）复习回顾

师：同学们说说看，我们上节课学会了哪些做人脸的超轻黏土技法？

生：我们上节课学了手推泥片、擀泥片、搓泥条和使用工具压印花纹等超轻黏土技法。

（在这里，学生讲一个技法，老师就放一个技法的动图，以最直观的形式唤起学生对上节课学习的技法的回忆）

设计意图：复习回顾第一课时学习的主要知识。

（二）播放视频，激趣导入

师：前段时间在网络上流传一段特别搞笑的视频，点击量非常高，今天老师带来和大家一起分享，请看屏幕。（播放视频）

师：比赛本来是很严肃的，但是这位老师却给大家带来了这么多的欢乐，就是因为他那些夸张搞怪的表情，他的这张"特别"的脸给他挣得了拔河比赛的荣誉，同时也让很多人记住了他。那么我们今天就和老师一起也像这位老师一样做一个让人印象深刻的"最特别的脸"吧！（板书课题：最特别的脸）

师：大家回忆一下刚才的视频，对比一下他正常的样子，这个老师面部哪个部位变化大？

生：他的嘴张得很大、他的眼睛瞪得很大、他的脸拉得很长……

师：你们能不能做出像这位老师一样特别的脸呢？谁能上来表演一下？

生：学生上台表演。（课堂气氛高涨）

设计意图：通过一段小视频，让学生的注意力快速集中到课堂上，通过视频引出课题，并且通过提问和学生表演的形式激发学生的学习兴趣。

（三）探讨研究，寻找方法

1.五官夸张

师：通过刚才几位同学的表演，你们发现这几位同学面部发生了哪些变化？

生：鼻子，眼睛。

师：同学们，要把话说完整，什么地方怎么样了？

生：我发现他的鼻子向上翻起来了，他的眼睛睁得很大，像要掉出来一样。

师：我喜欢你的回答，非常棒！

师：那么谁能来总结下，鼻子、眼睛、嘴巴、耳朵、眉毛这些都叫什么？鼻子、眼睛、嘴巴、耳朵、眉毛怎么了？（播放视频中老师正常时的脸和比赛时的脸的对比图）

生1：五官。

生2：五官比正常时更夸张。

师：对了，夸张，两位同学都说得特别好！表演的同学和视频中的老师一样，他们做出来的脸都是对五官的夸张。（出示板书：五官夸张）

师：说到五官夸张，老师想到了自己在四川上大学的时候看到的一张特别的脸，它的五官更夸张。没错，就是青铜人面像，它出土于四川省广汉市的三星堆遗址，为商代青铜人像雕塑作品。

师：我们现实生活中的人能不能像青铜人面相这样夸张？

学生：不能。

师：的确如此，在艺术家与工匠的手中，艺术作品却能突破人类的极限，他们运用五官夸张的手法，创造出我们在生活中没见过的有趣形象。人物五官的变化已经让这张脸显得很有意思了，那么除了五官形状的变化，你们觉得还可以怎样变化？

生：……

设计意图：通过学生表演，让学生自己提炼出做"最特别的脸"的方法——五官夸张，再通过青铜人面像引导学生认识到艺术创作是对生活中的形象的再创作、再升华。

2. 五官错位、脸型变化

师：同学们说得都很好，但是老师给大家提供一个不一样的思路，我们来一起看看一位大家熟悉的艺术家的作品。猜猜这个艺术家是谁。

师：没错，是毕加索。在他的作品中，人物的面部发生了怎样的变化？

生：五官的位置发生了变化，眼睛一上一下。

师：你真有一双敏锐的眼睛，没错，毕加索设计的特别的脸，就特别在五官的错位上（板书：五官错位）。除了毕加索，老师再来给同学们介绍一位大师，他也有特别的脸哦！（出示意大利表现主义画家莫迪里阿尼的人物作品）在这张特别的脸中，你发现了什么？

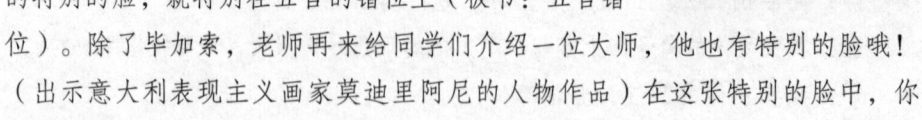

生：这个女人的脸拉得好长好长啊！

师：你太厉害了，这张脸的特别之处就是莫迪里阿尼大师对这位妇女的脸型进行了变化！（板书：脸型变化）

设计意图：通过观察毕加索的画作，体会到五官错位、脸型变化。

3. 面部颜色

师：我们欣赏了两位西方大师的作品，其实在我们中华艺术瑰宝中，也有这么一种特别的脸，我们来看一下。（出示图片）没错，我们中国的戏曲脸谱。

提到中国戏曲脸谱，老师给大家介绍一位大咖——翁偶虹，中国著名的剧作大师、戏曲理论家，他以毕生精力收集、整理脸谱资料，不遗余力地研究、传授脸谱知识，在保存脸谱资料、构造脸谱理论体系方面做出了卓越的贡献。

这是翁老先生收集的几张脸谱，对比一下我们正常人，这种特别的脸除了五官发生了变化，还有哪里变化了？

京剧中的脸谱面具也是很有讲究的。（出示中国脸谱颜色介绍图片，让学生大致了解）

光看脸谱想必同学们还没能感觉到颜色带给脸的变化，那我们就来玩一个脸部换色游戏吧。（板书：脸部颜色）

设计意图：在讲解中融入中国传统艺术文化，并且有了知识的介绍，使课堂内容更加深入，同时又加入游戏环节，使同学们在欣赏图片之余自己主动感受颜色变化带给脸部的冲击。

4. 配饰

师：脸部的颜色变化让整个脸变得如此有趣，但老师觉得还是不够特别，能不能再特别一点呢？我们来看看，老师加了什么？（出示图片）

生：加了耳环！

师：对，加了耳环，我这里有几个道具，想请几个同学上来当模特和配饰大师，配饰大师要给几个模特装扮一下。

设计意图：通过游戏环节，直接让学生进行互动，直观了解配饰对脸部表现的重要性。

（四）学生实践

师：我们今天学习了四种方法去制作最特别的脸，但是要想最特别的话，你有没有更有意思的方法呢？我知道咱们7班同学的点子可不止这么多，想必大家现在都按捺不住了要好好发挥一下。神秘人今天又要参加一个化装舞会，请大家小组合作为他设计一张最特别的脸吧！

设计意图：创设情境完成任务。

（五）教师指导

巡视指导，指出学生在超轻黏土制作中存在的问题，进行全班范围内的演示指导。

（六）评价

请每组组长上来说一说自己组的作品，并给自己设计的脸起一个名字。

设计意图：开放性评价，不进行限制。

（七）拓展

师：在我们的生活中，其实特别的形象有很多，像我们坪山本地的麒麟，就非常具有特点。同学们其实只要你们爱思考、爱想象、爱创造，一定会让我们这个社会变得更加鲜活。发明创造离不开我们人类聪明的头脑，希望同学们在以后的生活中坚持多动脑多思考，使祖国的未来变得更加美好！今天的课就上到这里，下课！

六、案例反思

（一）兴趣是最好的老师

在美术造型创造活动当中，我们首先要关注到的是学生的兴趣问题。当学生真正喜欢一个东西的时候，他们会乐于去探索、去钻研、去感悟。所以，选择学生感兴趣的内容非常关键。有了感兴趣的内容之后，要选择学生感兴趣的话题来进行导入。在迁移学生生活经验的同时，帮助学生在原本的知识架构上做进一步探索。在"最特别的脸"超轻黏土制作活动中，通过艺术作品欣赏来引发学生的兴趣，效果就非常好。在欣赏作品的过程中，要对作品所采用的写实手法与夸张手法进行感受，了解艺术创作手法的丰富性，也要引导学生对基本的外形、细节装饰各方面进行观察，包括非常关键之处，即夸张的造型、精美的装饰、丰富的色彩，使学生能够参与教学活动。

（二）表达形式是多样化的

不同人对于事物会有不一样的感受，相对的也会有不一样的表达。这个活动中，我们对团团、揉揉、切切、捏捏、接接这些最基本的超轻黏土技法进行了复习巩固，为下面的教学打下了基础，让学生敢于自我表达，同时也激发了学生的学习兴趣，让学生在玩的过程中轻松、简单、快乐地完成第一步。作为教师，我们要鼓励学生有自己的表达。所以，在本次活动中，教师让学生自己去选择素材进行表达创造，并且都给予了鼓励，这是非常好的方面。

(三) 艺术来源于生活又高于生活

创作离不开对生活的观察，在造型活动正式开始前，要引导学生仔细观察表情丰富的人脸的变化及特征，鼓励学生将生活中的所观与民间美术形式相结合并运用于创作中。生活经验的迁移，能够更好地帮助学生理解夸张这一创造手法在造型活动中所起的作用。也更容易让学生理解什么是夸张，夸张的手法有什么作用，不断地帮助学生完善现有的知识体系。

(四) 鼓励帮助学生建立自信心

在活动当中，适当的鼓励是非常重要的。结合学生的年龄特点，我们发现，他们对教师的每句鼓励都非常看重。在这一堂课中有一个小细节，班上的阳阳同学属于那种比较跳脱的学生，静不下心来完成这个美术作品。从他旁边走过时，我对他说："你的作品夸张的是眼睛吗？真的好萌呀。"他听完之后非常高兴，立刻又投入进去了。从这一个小细节当中，我们可以看出，合适的时候应该不吝夸奖。用真诚的语言去表达对学生的欣赏，对学生作品的欣赏，激发学生的创造兴趣，可以帮助学生更好地建立自信心。

项目案例：PBL项目式学生小课题 绘"影"会声之《和平校园》

孟茜茜

一、案例背景

皮影戏，作为中国优秀民间传统文化之一，有着辉煌的历史，直到现在仍有其独特的价值。

学生在深入了解皮影戏的历史和现状后，坚定了要保护皮影戏这门古老艺术的决心，希望通过在学校及小区内表演自制皮影戏，让更多的人认识中国的传统文化，并且参与保护传统文化的事业，为中国艺术遗产的传承、保护贡献自己的一份力量。

二、案例描述

中国是一个历史悠久、文化艺术遗产非常丰富的国家，但是很多优秀的传统民间文化却没能得到应有的重视和保护，学生在深入了解民间皮影戏的历史和现状后，希望通过自制并表演皮影戏的形式，让更多的人来认识和了解这些传统民间文化。

学生怀揣推广传统文化这一坚定的目标，经过撰写剧本、绘稿、选材、制作皮影、排练等，最终完成了自制皮影戏《和平校园》的全部准备工作，并通过录制影片、现场表演等方式宣传传统文化、抵制校园暴力，获得了在校师生的一致好评。

三、案例目标

（一）总目标

以实际遇到的问题为导向，以团队的形式发现问题、解决问题，对传统皮影制作工艺进行改良创新，通过发现问题、解决问题等过程，在团队合作互动中，逐渐形成大学科观念和创新思维方法，提升多学科知识与技能、综合实践应用能力、迁移创新能力、合作沟通等各方面能力。

（二）具体目标

① 收集整理与各地皮影戏发展历史、风格及特色相关的资料，培养信息收集处理能力。

② 通过集体式主题剧本创作，培养想象力，开阔思维，提高文字写作能力。

③ 通过寻找传统皮影替代材料进行制作，培养多学科综合应用和创新能力。

④ 通过团队合作方式进行皮影道具和舞台的制作，培养团队合作规则与技巧，提升动手实践能力。

⑤ 通过皮影戏排练及现场表演，培养社会交往的自觉性和合作精神。

⑥ 通过皮影戏影片的录制及后期制作，培养多学科综合素养，提升信息化技术能力。

⑦ 围绕以"抵制校园暴力"为主题进行的一系列实践探究，树立正确是非观，注重心理健康发展，加强自身法律意识和法治观念。

四、案例准备

（一）初步了解

初步了解收集有关皮影的知识，包括皮影的起源及发展、地域分布及造型特点和表演形式等方面的内容，学生已经对接下来的时间和寒暑假期间的分工做出了安排，将利用假期时间进行制作和排练。

（二）实施流程

第一阶段：启动阶段，2019年8月之前

成立课题研究小组，确定成员分工，完成开题报告，收集资料，集体学习及讨论。

第二阶段：准备阶段，2019年9月至2020年2月

寻找代替传统皮影制作材料的新型材料，根据剧本的内容，制作出所需要的皮影人物和场景。

第三阶段：实践阶段，2020年3—4月

根据剧本内容，使用制作完成的皮影道具进行排练，在学校和小区内进行表演。

第四阶段：总结阶段，2020年5月

形成成果：将整个制作和表演过程中得到的经验和反馈形成论文，用时1个月。

五、案例实施

（一）明确团队任务及目标

了解并整理皮影的起源、发展、地域分布及造型特点和表演形式等方面的内容，增长见识，增加对中国传统民间艺术文化的认识，增强文化认同感和民族自豪感。

探究采用新型材料制作皮影人物及道具，发扬探究精神，提高动手实践能力及团队合作能力。

在学校及小区内，用大家自己写出的剧本进行皮影表演，让更多的人认识到中国传统文化，并参与保护传统文化的事业。

（二）帮助学生进行团队分工

为了更加顺利地开展本次探究活动，小组成员在指导教师的帮助下，根据每个人的兴趣特长，进行任务分工。

坪山实验学校自制皮影戏团队任务分工表

序号	姓名	优势	负责完成事项
1			
2			
3			
4			

具体分工如下：

组长（1名）：负责统筹安排整体流程和进度，撰写剧本、研究报告等文字工作。

资料整理组组员（1名）：负责从网上查阅收集与皮影相关的文字资料、图片素材，协助组长在后期对所有文字资料进行整理。

绘图设计组组员（3名）：负责根据剧本内容进行人物形象和背景的创作。

小组所有成员均要参与皮影道具的制作和表演工作。

（三）道具制作过程

1. 确定剧本主题、内容

学生在收集整理了大量有关传统皮影戏的资料后发现，传统皮影戏的表演内容大多是古代的小说和故事，或者是以童话为主题，这样的表演虽然精彩，但不太贴近在校学生的生活，于是大家在商议后决定自行创作剧本。

教师指导：是否可以尝试以校园内发生的故事为创作素材？

各自寻找剧本的主题后，学生提出一个想法：能否利用皮影戏来给大家做一个抵制校园暴力的表演，结合学校长廊内宣传抵制校园暴力的知识，在教会同学们如何抵制校园暴力的同时，宣传传统文化。

教师指导：在教育意义的基础上，剧本内容能否增添一些趣味感来吸引观众的兴趣呢？

学生经过讨论分析后，决定加入中小学生都比较熟悉的《西游记》中的人物形象，来增强剧本的趣味性和故事性。随后，经过数次修改，皮影戏剧本——《绘"影"会声之和平校园》最终完成。

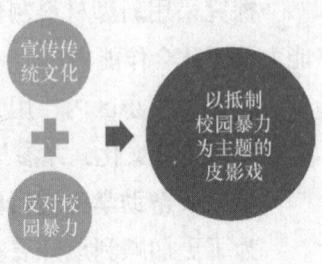

宣传传统文化 ＋ 反对校园暴力 → 以抵制校园暴力为主题的皮影戏

2. 确定人物形象

绘图设计组仔细研究了传统皮影戏的人物形象，总结归纳了人物形象的特点，绘制了第一版人物形象。

人物造型初稿 　　　　　　　　人物造型二稿

虽然初版人物色彩鲜艳，造型华丽，但很明显和这次剧本要求的人物形象不符合。绘图设计组成员试着吸收传统造型的特点，并根据剧本进行简化和改良。在共同研究和梳理之后，大家终于对人物形象的特点有了初步的概念，绘图设计组也决定用最擅长的漫画人物进行二次创作。这一次，他们给皮影人物穿上了漂亮的裙子，但是头发的部分过于复杂，形象不够现代。

组长带领大家反复研读剧本，梳理剧中人物的身份和性格特征，最后大家决定用校服这一元素来表现学生这一人物形象。

可是校服的颜色是统一的，如何才能表现出人物的性格呢？

学生讨论部分：

生1：可以用发型来表现不一样的人物性格。比如，用平头表示性格温和，用爆炸头来表示性格暴躁。

生2：男生和女生校服的颜色可以一个深一个浅，以便区分。

生3：可以参考《西游记》动画片里面的人物造型来做修改。

经过互相探讨和交流，最终版人物造型顺利画出，这一次既借鉴了传统皮影的特点，也根据实际情况进行了简化和区分，符合剧本里面的人物形象，这一版得到了全组所有人的赞美。

人物造型终稿

传统皮影	和平校园		
	第一版	第二版	最终版
侧面、半侧面	纯侧面	纯侧面	纯侧面
人物五官类似京剧脸谱	人物五官类似京剧脸谱	漫画形式表现五官	漫画形式表现五官
色彩丰富，运用传统花纹，有镂空效果	色彩丰富，衣服和发饰花纹复杂	结合现代服饰特点，色彩丰富，花纹简单	简化衣服和头发的颜色，用点线面花纹进行装饰

各版本人物造型特点对比

学生遇到的问题：
需要贴合剧本进行人物形象设计。

解决办法：

① 参考传统皮影形象，不贴合学生实际生活。

② 在传统形象中加入流行漫画元素，造型结合生硬。

③ 利用"服装+发型"和颜色区别人物特征。

3. 寻找新型材料

在进行剧本和人物形象的创作的同时，大家也一直在寻找合适的皮影制作材料，传统皮影以牛皮、驴皮为原材料，同时还有制皮、镂刻、上色等八道制作工序。对学生而言，牛皮等原材料难以获得，后续制作更是需要专业的工具和熟练的工艺才能完成。此时一个新的难题摆在了大家面前，那就是：需要寻找一个新型材料替代传统的皮质材料。

（1）首次尝试——刮刮纸

学生1想到了一种特殊的绘画道具——刮刮画，提出可以用此种材料试着制作。于是大家去收集了材料，利用刮刮画的原材料及木棍、泡沫、画笔等美术工具，进行了第一次纸质皮影的制作。

首先在刮刮画上慢慢将图案刮蹭出来；其次利用泡沫块将木棍和纸质皮影黏合在一起，形成完整的皮影道具；最后用纸板和半透明的硫酸纸制作出演出的幕布，并利用手机的灯光照明。

初次制作出来的皮影，缺点明显：幕布上面投射出来的影像并不清晰；刮刮纸容易被剐蹭，不利于保存；刮刮纸尺寸有所限制。

（2）再次尝试——硬卡纸

第一次尝试的失败并没有让大家灰心，学生开始更加积极地在身边寻找合适的材料，学生2提出用彩色硬卡纸进行制作。大家找到了一些白色和彩色硬卡纸，经过简单的绘制试验后发现了彩色卡纸因为底色关系，不太容易再次用水彩笔进行装饰，而且也同样出现了在幕布后展示的时候，人影道具会很模糊的问题。

（3）寻求帮助

两次失败后，教师找来了皮影戏的制作视频资料让大家观看，并提出两个问题，让学生思考。

教师指导：

① 为什么古代的皮影要选择动物的皮来制作，而不是成本更加低廉的布和纸呢？

② 为什么皮影戏的人物投射在幕布上面的影子是彩色的，又为什么可以

看见细致的花纹呢？

学生经过讨论后发现，之前只是考虑到材料的硬度，却没有考虑到长时间保存及透光性这两个问题。

（4）最终尝试——塑料薄片

几天后，学生3发现塑料制成的书皮既透光又方便制作和保存，完全可以代替传统的牛皮。大家在进行了简单的制作后发现，用书皮制作出来的皮影道具虽然透光并且可以长时间保存，但过于柔软、重量太轻，容易弯曲，不方便表演。

学生利用课余时间在家长的带领下另外购买了一些更加厚实坚硬的塑料薄片和其他相关的工具，并进行了再次实验，用有一定厚度的塑料薄片制作出了理想的皮影道具。

随后，学生根据制作皮影戏道具的实际需要，购置了其他相关制作材料。

制作所需材料		
塑料薄片	A3、A4大小若干张	
油性水彩笔	2~3套	
操纵杆、鱼线	数十根	

不同材质皮影人物效果对比图			
材质	优点	缺点	道具成品
刮刮纸	1.底色丰富，不用再另外添色 2.只需要一根木棒就可以进行绘画，操作简便，节省时间	1.刮刮纸上面的黑色薄膜容易刮蹭，不便于进行后期拼接 2.纸张本身不透明，无法达到皮影戏的效果	

续表

不同材质皮影人物效果对比图		
硬卡纸	1. 本身有丰富的色彩，可以叠加使用 2. 可以使用多种绘图工具进行上色，如彩色铅笔、马克笔等 3. 后期裁剪和拼接比较简单	1.纸张本身容易损坏，不易保存 2.纸张本身不透明，无法达到皮影戏的效果
塑料薄片	1. 是半透明的，透光性好 2. 可以使用油性马克笔绘图，颜色艳丽丰富，画面效果好 3. 塑料质地，不易破损，便于携带和演出	各部分进行拼接的时候比较麻烦

学生遇到的问题：

需要寻找易上色、透光性佳、易保存的皮影道具制作原材料。

解决办法：

① 初次尝试刮刮纸，发现问题：易操作，不透光，不易保存。

② 再次尝试硬卡纸，发现问题：不易上色、不透光、不易保存。

③ 最终解决办法——由包书皮联想到塑料薄片。

4. 转绘

由于塑料薄片本身具有透明性，学生将之前根据剧本内容绘制完成的人物形象图稿进行复印，然后用塑料片盖在上面直接进行拷贝、描画，经过数次试验，大家发现直接用黑色油性勾线笔进行拷贝最为方便，如果用铅笔拷贝再描画，会使画面变脏。

学生在刚开始转绘的时候，直接将整个人物描画出来，结果皮影人物完全动不了。学生仔细观察教师提供的一些皮影戏实物道具后，才发现要对人物进行拆分，将不同的部位分开绘制，而且在绘制的时候，要预留出可以重叠串联的部分。皮影人物道具分为：头、身体（上半身+下半身）、两个胳膊（上下部分）、两条腿（上下部分）七个独立的部分，这些部分串联在一起，最后在手腕和脖子的部分接上操纵杆，才能形成可以随意活动的皮影人物。

5. 裁剪和组合

转绘完成后,将各个部位剪下来,然后用透明的鱼线对各个部位进行连接。教师先做示范,用剪刀或者小刀在两个部位的重叠部分打孔,然后穿过鱼线,再用打火机让鱼线断开,最后快速地将融化的部分进行按压,就可以形成一个活动的关节。教师再次强调注意事项及安全问题,然后学生尝试制作,将各个部位都串联起来。

人物道具制作步骤图	
步骤一	步骤二
拷贝线稿	绘制上色
将头、身体、胳膊、腿拆分成独立部位进行绘制	不要剐蹭到未干的油性色彩,避免造成色彩的损坏
步骤三	步骤四
裁剪	组合
使用剪刀时要小心,速度不要过快	穿孔和使用打火机时需要小心,连接关节部分的鱼线不宜留过多

在组合部分,大家也遇到了好几个麻烦,首先,连接部位的打孔位置不太好确定,重叠部分过多,视觉效果不好,而重叠部分太少,又很容易脱落;其次,鱼线的长度不好把握,过长或过短都会影响道具的活动性。在经过无数次的失败以后,终于完成了5个人物道具的组合工作。

学生遇到的问题:
① 制作不出可以任意活动的皮影人物道具。
② 未掌握关节处串联工艺。

解决办法：

① 参考传统皮影人物道具，分析并分解人物道具结构。

② 练习使用透明鱼线对各部位进行串联。

6. 舞台幕布的制作和完善

由于皮影戏的舞台需要用到木板和透光的布还有射灯，没办法自制，所以大家讨论过后决定在网上购买简易的舞台背景，然后根据剧本需要，对白色的舞台幕布进行再加工，画上更加合适的背景，来增加舞台的丰富度。

小组成员对舞台进行拼装并进行再次装饰

学生遇到问题：

不知如何搭建舞台幕布。

解决办法：

购置简单的白色幕布、皮影戏舞台道具，进行再加工。

（四）演出前准备

1. 练习皮影动作

在暑假期间，在教师的带领下，学生一起去观看了一场皮影戏演出，并有幸到舞台后面近距离观察表演的全过程。表演结束后，学生在教师的指导下，感受了皮影戏的操作手法。

由于皮影人物的操作只靠三根操作杆来完成，也就是只能手动控制头部和两只手，腿部动作就需要依靠人物的摆动来完成。每个学生根据自己扮演的角色和台词，设计了不同动作。

剧本场景分为三幕，学生也根据剧本的要求进行对手戏的排练，第一幕是孙悟空和唐僧，原本希望能用翻跟头的出场方式来表现孙悟空的形象，但是试了好久也没办法顺利地完成这个动作，最后改成了正常的走路出场；第二幕就是主角王壮壮和黄小米了，在这一幕里，王壮壮的蛮不讲理和黄小米的胆小都被很好地表现了出来；在第三幕中，所有的人物都一一登场。

2. 录制背景声音

在排练的时候，学生发现如果一边念台词一边控制道具人物，就会出现忘词或者做错动作的情况，在短时间里还不能够兼顾动作和台词。为了保证演出的质量，学生决定用"播放录音+现场表演"的方式来进行演出。

于是学生向教师提出表演需要进行前期的录音，出于剧本需要，学生希望教师能帮大家录制旁白。剧本的排练过程并不顺利，因为总有人笑场或者台词念不顺，排练进展缓慢。

教师指导：

大家只是在干巴巴地念剧本，并没有把自己代入剧本的情境，要如何解决这个问题？

在思考教师的建议后，学生又重新开始排练，这时候每个学生的表现更加自然，有了情绪的变化，台词也更加口语化，顺利地完成了一次排练。在进行了几次完整的剧本排练后，组长用教师的电脑来操作软件进行台词的录音，其他人根据场景分批进行录制，旁白的部分由指导教师帮忙完成，反复录制了几次后，组长对所有的录音进行最后的剪辑。

学生遇到的问题：

剧本表演不生动流畅。

解决办法：

适当地将剧本台词做口语化修改。

（五）校园内外展示推广

1. 第一次现场表演

学生决定在学校门口进行第一次正式表演。表演当天，学生将所有的道具摆放整齐，在摆放道具的时候，周围的人们已经都好奇地围了上来。随着旁白和音乐的响起，演出正式开始了，学生根据剧情操控皮影人物做出各种动作。周围的观众也渐渐被演出的音乐声吸引过来，认真地观看表演。当最后一句台词结束的时候，周围响起了掌声。

演出结束后，有不少观众上前询问皮影是怎么制作出来的，剧本是谁写的，怎么想到用到塑料来做，等等。学生仔细、耐心地做了解答，讲述了皮影的历史、和皮影有关的制作知识，宣传了应对校园暴力的方式方法，呼吁大家抵制校园霸凌，并且再次向大家呼吁要保护优秀的传统文化资源。

2. 班级内的表演

第一次表演的成功让学生信心大增，为了让更多的学生了解校园暴力的危害，也让他们懂得应该怎样去应对校园暴力的事件，学生希望在每周的班会课时间，到各班级表演《和平校园》。教师得知了学生的想法后非常赞同，并帮助学生联系了各班班主任，完成了巡演。各班教师和学生在观看完《和平校园》后，在班会课上也都针对校园暴力进行了讨论和交流，对正确应对校园暴力有了更深刻的认识。

利用班会课时间在各班进行巡演

（六）影片录制和剪辑

这些表演结束后，有的学生想到，只是靠现场表演，观看的人数还是有限的，为了使更多的学生了解校园暴力，正确应对校园暴力，一致决定将其录制成一部动画电影，并邀请学校的信息教师来进行视频录制。当时由于场地和条件的限制，光源不能像专业现场演出那样有两个，只有一个光源，因此演出效果不是特别完美，但是学生都非常认真地进行了表演。

在学校教师帮助下进行影片录制

最后组长将录制完成的影片和之前的录音带回家重新进行剪辑，经过好几个晚上的努力，我校第一部皮影动画片正式完成。

（七）宣传活动现场

后来，学生抽空在学校大屏幕下摆起了皮影戏的宣传台。在活动现场，可以观看学生自制的《和平校园》皮影动画片，还可以现场学习如何制作皮影道具，如何操控皮影人物进行表演。好多学生都忍不住上手制作，有的也拿起其他人制作好的人物道具在幕布后面学着表演，还有的在活动现场现编现演，宣传活动获得了极大的成功。

六、案例成果

1.《绘"影"会声之和平校园》剧本。

2.皮影人物道具及舞台幕布一套。

3.《绘"影"会声之和平校园》动画影片一部（部分截图）。

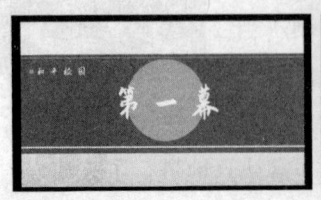

七、案例评价

在一系列展示活动结束后，学生通过现场讨论和填写评价量表等形式，一方面进行自评与互评，对活动过程中每个人的表现进行分析总结；另一方面再次强化学生对团队合作学习的理解，让学生学会了解自身，改善自我学习状态和习惯。

学生评价量表（小组合作学习评价）

组长：_____　发言人：_____　记录员：_____　操作员：_____

评价内容	评价等级			
	优（10分）	良（7分）	中（4分）	差（1分）
组员的参与状况	积极参与小组活动，能够全程参与活动	能够参与80%左右的小组活动	能够参与50%左右的小组活动	完全不参与小组活动
合作策略	任务被平均分配给组内诸成员，能妥善处理不同的见解	任务被组内的大部分成员分担，能处理不同的见解	任务仅被组内的1/2成员分担，基本能处理不同的见解	任务仅由组内1人承担，吵闹不休
交互的质量	小组成员展示出了极好的倾听能力和合作能力，成员通过讨论的方式共享他人的观点和想法	小组成员展示出了较好的交互能力，能够围绕中心任务进行讨论	小组成员展示出一定的交互能力，能认真倾听他人的观点，显示出一定的讨论和选择能力	小组成员间很少进行交互，仅进行简短的会谈，甚至对交互不感兴趣
小组活动的秩序	服从组长安排，勤于思考，不随便打断别人发言，说话声音轻	勤于思考，偶尔打断别人发言，说话声音较轻	勤于思考，经常打断别人发言，说话声音重	不服从组长安排，大声喧哗，乱哄哄，处于无序状态
组员学习效果	优势互补，积极探究，遇到问题能够积极解决	优势互补，虚心学习，基本能解决问题	优势互补，虚心学习，问题完成1/2	两极分化，不能很好地解决问题
小组成员的角色扮演	每个成员都有自己明确的角色，并有效地扮演了自己的角色	每个成员都被分配特定的角色，但角色不明确或没有坚持扮演自己的角色	小组成员被分配了一定的角色，但是没有坚持扮演自己的角色	小组成员并没有进行角色分配或1人统揽所有任务
总分				

小组合作学习评分表

	参与小组学习活动的表现	评价等级				
		优	良	中	差	总评
1	与其他同学进行合作与交流	5	4	3	2	
2	认真听取其他同学的意见	5	4	3	2	
3	表达自己的观点和意见	5	4	3	2	
4	与其他同学共同制订计划	5	4	3	2	
5	与其他同学共同完成任务	5	4	3	2	
6	完成自己的任务	5	4	3	2	
7	帮助其他同学	5	4	3	2	
8	促进小组学习活动	5	4	3	2	
9	与其他同学分享学习成果	5	4	3	2	

本次小课题项目成果荣获2021年深圳市中小学生研究性学习成果展评一等奖、坪山区中小学生研究性学习成果展评一等奖。

本次活动的创新之处如下：

一是题材创新。传统的皮影戏多是以古代传说、小说话本或者童话故事为创作主题，这一次针对抵制校园暴力创作的《绘"影"会声之和平校园》这一剧本，更加贴近小学生的生活，让学生在熟悉中国传统文化的同时，知道在面对校园暴力的时候应该怎样保护自己和他人。

二是材料创新。传统的皮影戏都是以动物皮作为原材料进行制作的，可是在日常生活中，能够制作皮影的动物皮比较难得到。因此，运用了同样具有透光性的塑料薄片进行制作，这样的塑料薄片购买方便，而且价格便宜。

三是制作工艺创新。传统皮影道具的制作需要选皮、制皮、画稿、过稿、镂刻、敷彩、发汗熨平、缀结合成八道工序。而小组成员们简化了流程，只需要设计、定稿、转绘、裁剪、组合五道工序，大大降低了皮影制作的难度。只要经过简单的学习，每位中小学生都可以试着制作属于自己的皮影戏。

四是宣传方式多样。学生并没有满足于现场表演皮影戏这一单一的方式，在教师的帮助下，学生自行摸索拍摄皮影动画片，并进行了后期的剪辑，通过在学校大屏幕和班级内播放的方式，让更多的同学知道如何保护自己和他人。

不足之处主要有以下几点：

一是人物形象单调，创新能力不够。在进行人物形象设计时，刚开始没有跳出传统皮影人物的影响，用复杂的花纹和颜色来进行装饰，后来虽然及时修正，但是最后的人物形象略显单调。

二是表演现场紧张，皮影操控生硬。第一次接触皮影戏，虽然小组成员事先进行了一些简单的操控皮影人物的排练，但基本上都是自己摸索，皮影人物的动作和姿态难免显得生硬，不够自然。在进行露天现场表演的时候，略显紧张，表演效果不够完美。

三是影片录制效果不佳。专业的皮影戏对灯光是有一定要求的，在进行皮影动画录制时，由于场地限制，灯光效果大打折扣，导致动画片成片效果不好。

八、案例反思

伟大的科学家爱因斯坦说过："兴趣是最好的老师。"通过本次活动，学生深入了解了皮影文化，感受到了皮影的魅力，更加认识到创新对传承和发展中国传统文化的重要性。

研究过程中，学生分工合作，每个人都发挥了自己的特长，遇到困难了大家一起想办法解决。经过这一次的活动，学生都明白了只有团结起来大家才能一起进步、一起成长。

大量的动手和实践过程提高了学生的动手能力和思考能力，大家经过不断的探索和实验，既保证了皮影戏原有的韵味，同时让制作过程更加简单、表演内容更加贴近生活。

学生在创作剧本的时候查找并阅读了大量关于校园欺凌和校园暴力的报道，再一次深刻地理解了校园暴力带来的危害，并学会在面对校园暴力的时候，应该如何正确地保护自己和他人，抵制校园暴力的发生。

九、实施建议

（一）教师适当指导，由学生自主确立小课题内容

教师要把自己放在组织者、指导者、合作者的位置，由学生自主发现感兴趣的方向和课题，引导学生将继承我国优秀传统文化、弘扬社会正能量与学生自身生活实践等内容结合，强化学生的问题意识和创新意识，为学生进行探究活动做好铺垫。

（二）适时提出方向，帮助学生解决问题

小学生知识面有限，生活经验不足，教师要时刻关注学生研究的动态方向，在学生遇到瓶颈时，及时鼓励学生尝试多种解决办法，更要有针对性地为学生提供相关方面的专业知识，引导学生主动发现问题，并加以解决。

（三）拓宽学生视野，增强社会责任感

学生对小课题的研究并不能仅仅止步于解决当下问题，而是需要进行更为长远的思考，要在一定程度上扩大研究成果的影响面积，以研究小组为起点、以校园为基础、以社区为目标进行辐射性网状宣传，通过一系列自主探究和社会实践活动，培养学生的责任意识，增强学生的自信心和社会责任感，让学生自发主动地弘扬社会主义正能量，做一个对社会有意义的人。

《快餐美食店》教学案例

万　梅

一、案例背景

超轻黏土是学生日常接触较多、兼具安全性与可塑性的美术工具。将超轻黏土引入美术教学内容，旨在激发学生学习与动手的积极性。团队合作也能极大锻炼学生的合作意识。本课从学生生活经验出发，通过动手模仿制作美食，让学生通过美食鉴赏与造型活动，了解中外美食文化，明白"粒粒皆辛苦"，进而直观地理解节约粮食的重要性。

德国哲学家弗里德里希·席勒在《审美教育书简》中提出，美育所凭借的手段是美的艺术。新课标改革以来，学校与教师都旨在从学科立场走向教育立场，强化学科实践学习，践行素养导向质量观。从咿呀学语到自主探索行为规范的一年级，幼小衔接教育尤其是小学低段美术教育尤为重要。

超轻黏土作为一种新型的环保工艺材料，色彩丰富、可塑性强，能极大地调动学生的主观能动性，锻炼其动手能力。学生利用它进行创作，容易做

出作品，它在小学美术课中很受学生的喜爱。学生在动手过程中收获丰富的造型经验，能提高创作热情，也能更进一步提升学生的探究能力和动手能力。

二、案例目标

（一）总目标

结合岭南版美术教材一年级上册"快餐美食店"，利用超轻黏土，引导学生根据自己的想象制作各式各样的食物，同时与同学分享，使学生从中获得美的享受。

（二）具体目标

① 让学生掌握橡皮泥的搓、揉、捏、压等基本制作技法。
② 调动学生的主观能动性，根据自己的想象制作出各式各样的食物，并能配上有趣的装饰。
③ 培养学生热爱粮食、节约粮食的情感。

三、案例实施

（一）创设情境导入

师：同学们，今天老师请来了一位神秘的客人，请大家稍等，看看是谁。

万大厨：请大家给点掌声。同学们好！大家看我做的美食，喜欢吗？

生：喜欢。

万大厨：想不想自己也当厨师并制作美食呢？

生：想。

（出示课题：快餐美食店）

设计意图：设计情境，沉浸式导入，引起学生兴趣。

（二）讲授新课，厨师大闯关

1. 食物形状关

万大厨：想当厨师可不容易，我这里有三道关卡，大家闯关成功才能开始制作美食。第一关：食物的形状有哪些？请大家连连线。（学生上台连线）

万大厨总结食物的形状：圆形、三角形、方形。

万大厨：食物的造型各有不同，各有各的美，现在我们看看食物有哪些类型。

设计意图：了解食物造型，《义务教育劳动课程标准（2022年版）》指出，1~2年级需要培养学生的造型能力。

2. 食物类型关

（介绍地方饮食文化）

万大厨：我们先了解什么是快餐。（一边播放图片一边讲解）快餐就是能够快速提供给客户的食物。不同的地方有不同风味的快餐食品，它们各不相同（课本第18页），如我们广东，早茶有各式各样的点心，新疆吐鲁番也有点心……国外的如麦当劳、肯德基，有汉堡包、蛋糕、薯条……各种不同风格的食物。

万大厨总结食物的类型：

中餐类：面食、米粥、凉拌菜、炒菜……

西餐类：蛋糕、西饼、汉堡包……

设计意图：感受中外不同食物的魅力，了解食物的不同，为课堂作业制作提供思路。

3. 食物表现关

万大厨：同学们喜欢哪种类型的食物呢？中餐还是西餐？

生1：中餐，面条。

生2：西餐，汉堡包。

万大厨：那厨师是怎样表现食物的呢？

生：通过色香味。

万大厨：那我们在用超轻黏土制作的时候，需要色彩搭配好看，造型与实际相似。恭喜大家闯关成功，获得万大厨颁发的小小厨师证一张。现在就请跟着万大厨一起来制作吧。

设计意图：从现实生活中的食物，引导至用超轻黏土如何表现，并说明小小厨师的身份，让学生获得一种身份认同感，提高做"食物"的兴趣。

（三）制作手法介绍，练习基本手法

万大厨：用超轻黏土做美食快餐，要注意技法：揉、压、搓、捏、刻等。（看课本第19页学技法）

（学生阅读课本技法）

万大厨：哪位小厨师有经验，愿意来教一下同学们？

（学生上来展示，用团、揉、压、搓、捏、刻等技法做一个美食）

万大厨：做得真棒！我也来做一遍，大家看我做得对不对。

万大厨总结：希望大家在做的时候注意立体造型及颜色的搭配。

设计意图：通过欣赏和了解基本技法，让学生受到启发，增强其创作欲望，激发其自主探究的热情。

（四）小组合作制作，创作表达

师：请以4人为一小组，开一间属于你们的快餐美食店。每人做一份自己最喜欢的快餐美食，比比谁做得最美味！大家要争当小厨王。

（五）美术创作活动，情感体验

用美术语言表达自己对快餐美食的感受，把色彩搭配的知识运用到实际操作中。

师：（播放音乐，让学生在美妙的音乐下有更好的表现）制作自己较喜爱的快餐美食，和其他同学的美食组合成美味的快餐，并摆放在不同的碟子里。

设计意图：培养学生的合作能力、动手能力，锻炼学生的手部精细动作。

（六）讲评并总结

把学生各种不同风格的美味快餐摆在一起，大家互评互议，由万厨师选出小厨王，并颁奖！每粒粮食都是劳动人民辛苦种出来的，希望大家能够节约粮食，不要浪费粮食。

最后再一起"品尝"美食。

拓展：除了用超轻黏土制作快餐美食，还可以利用其他材料来制作。（展示图片）如毡布、毛线等。

设计意图：人人评价，学会感受美、表达美、理解美。

四、案例评价

本节课从概念输入、分析表达到动手实践，内容丰富多彩，用日常生活中随处可见的美食唤醒学生对生活的热爱，用上台展示表达的方式激发学生兴趣，用小组合作的团队作业方式锻炼学生的合作能力与动手能力。

大部分学生能够按照教师的要求进行小组合作练习，但做出的成品质量不一，甚至还有做不完的情况。针对动手能力不均衡的情况，可以考虑每组安排至少一名动手能力较好的同学作为小老师，与组内成员互帮互助，共同发力，以获得更好的课堂体验感。

美术是一门讲述美、感受美、创造美的学科，美源自生活，更应指导我们更好地生活。用超轻黏土进行美食仿真手工制作，让学生亲身体验自己作为创造者自由制作美食的乐趣。完成作品之余，教师还可以通过对粮食生产的介绍让学生了解"粒粒皆辛苦"，进而直观地理解节约粮食的重要性。

五、案例反思

一年级的美术课，以幼小衔接、培养造型能力为主，学生对画面或者物体的整体认识，对手指精细动作的掌控，都是需要在这个阶段逐步形成的。我以《快餐美食店》这课为例进行阐述，充分体现了造型的美感需求、色彩搭配的美感需求，以及对生活中常识的认知等综合性的美术素质。

《快餐美食店》一课，从我们每天必不可少的食物入手，更贴近生活，尤其是说到学生都喜爱的食物，如汉堡包、薯条等，学生积极性高，课堂气氛活跃。对于一年级的学生来说，也更加容易理解。为了让每个学生都融入课堂，设计闯关模式，让大家积极思考，踊跃发言，人人争当小厨师。

在制作材料方面，之所以选用超轻黏土，是因为相较于橡皮泥，超轻黏土作为纸黏土的一种，捏塑更加容易、舒适，更适合低幼龄学生自由造型；且超轻黏土色彩种类丰富，搭配亮眼。无论是制作还是观赏，超轻黏土都能给人美好的感受，激发制作过程中的创造欲望。

在课堂设计方面，首先，我设计的闯关模式层层递进，从容易分辨的食物形状入手，通过连线方式，加深学生对食物造型的印象，使得后期的造型制作有依据。其次，通过对各国美食的介绍，开阔学生的眼界，简单介绍各国食物的特色，为后面制作内容做铺垫，给予学生更多的选择，为课堂作业种类的丰富呈现增加可能。最后，我展示制作手法，并让学生当小老师上台展示如何制作，增强了学生的信心。

在课堂作业方面，设计4人一组，以小组合作方式进行，培养学生的团队合作能力。4人合作开快餐美食店，详细分析色彩的搭配，以及美食主题的设置。

通过《快餐美食店》这一课，让学生了解了各种食物的造型之美、风味之美、色彩之美，从中收获制作食物的乐趣，以及体会到食物制作的不易，培养学生节约粮食的好习惯。

劳"艺"结合品江山　主题实践育人才

——《千里江山图》教学案例

潘爱华

一、案例背景

艺术课程，需要关注课程的育人本质。艺术课程的设置，强调课程的一体化设计。把七、八年级的美术赏析课教学和劳动教育相结合，进行一体式教学设计，有很强的实操性、适用性。

八年级上册第二、三单元是中国画学习单元，其中，对古代山水主题名作的赏析是其中必不可少的。如果在赏析传统山水画时融合劳动课程，以实践性和综合性为导向，能更好实现美术课程全方位育人的目标。

二、案例描述

《千里江山图》是北宋宫廷画家王希孟所绘的传统青绿山水画卷。深度学习古代山水赏析单元课程，可以用"知道—理解—做到"的架构、劳"艺"结合的方式，设置主题学习任务，促使学生自主学习、主动探究，最终达成育人目标。

结合七、八年级学生的年龄特点，本单元课程设计的学习活动是：通过主题任务探究，让学生沉浸其中，知道青绿山水画的特点，理解北宋文化的璀璨和宋人的劳动品格；然后通过辩论赛和创意临摹，理解北宋文化，形成思维联结，强化内心体验，促进思维进阶。

确立单元大主题：

《千里江山图》中的北宋绘画。

大主题下的四个小主题：

对《千里江山图》的初步印象，分析《千里江山图》图像，解析青绿山水的表现方式和图像表现内容。

图解《千里江山图》，以手绘思维导图的方式链接、感悟《千里江山图》中的山水与生活的美。

探究《千里江山图》——翰林画院的利与弊，以辩论赛的形式展开对北宋宫廷绘画利弊的思考。

创意临摹《千里江山图》，结合自己的美术经验，以王希孟的《千里江山图》为起点，将所了解的宋文化迁移到自己的《千里江山图》中。

三、案例实施

（一）对《千里江山图》的初步印象

学生需要知道	学生可以理解	学生能够做到
古人观看长卷的方式是"边展边看"；《千里江山图》是北宋王希孟所绘的画卷；作品蕴含宋人的智慧和创造力	古人用"边展边看"的方式观看长卷；《千里江山图》的艺术地位；作品中蕴含宋人的独特智慧和创造力	尝试用古人观看长卷的方法来观看画作；介绍《千里江山图》的艺术地位；体会作品中蕴含的独特智慧和宋人的创造力
青绿山水是中国山水画的独特表现方式和绘制步骤，画作中的青绿色是矿物材料；青绿山水中蕴含时代精神	青绿山水是中国山水画的一种独特表现方式，青绿山水体现了中国传统山水画用色的成就；理解山水画体现的"天人合一"精神	分析青绿山水画面不同于一般的浓郁，在分析比较中感悟山水画"天人合一"的精神
画作的七组群山展现的"江山"图卷：山水、树木、建筑、人物的安排错落有致，船只、民居、桥梁等画面的内容细致入微	画作展现了作者心中的千里江山图景，七组群山长短不一、疏密有致；画面中有三段布景和"三远"空间	描述出画面的内容和感兴趣的细节，描述作品表现的江山美景

任务一：《千里江山图》的观看方式

1. 学习素材

观众在美术馆中观看长卷作品的视频、《千里江山图》的复制长卷。

2. 学生活动

观看视频，体验中国古代长卷的观看方式，比较与现代观看长卷方式的不同。

观看视频

思考古人用"边展边看"的方式观看长卷，对画作内容有什么不一样的要求，并讨论分享。

任务二：《千里江山图》的艺术地位

1. 学习素材

关于《千里江山图》的视频资料和相关文字资料、《千里江山图》的复刻长卷、故宫博物院观众排长队等待观看《千里江山图》展的现场图片。

2. 学生讨论

《千里江山图》究竟有怎样的魔力，能让观众愿意排这么长的队去看一眼呢？说说你的推测。

任务三：探究青绿山水的绘画材料与表现方式

① 教师出示几幅不同时期中国传统青绿山水代表性作品图片。

② 学生观察它们在颜色上有什么不同，根据国画课学习经验，推测《千里江山图》的颜色为什么能经历千年依然鲜亮夺目。

③ 教师展示故宫博物院研究者收集矿物颜料和复刻《千里江山图》的过程视频，学生感受北宋画家在传承中创新和追求精细描绘的整体风貌。

任务四：《千里江山图》画面内容与形式语言

① 分小组观看复刻长卷，分组讨论：画卷可以分为几大部分，划分依据是什么。

② 小组找到最感兴趣的一部分，分组说一说这一部分山石、树木、建筑、船只的安排特点。

③ 根据图像结构和3D模型，体会中国山水画的三段布景和"三远"空间在《千里江山图》中的呈现。

《千里江山图》画面内容与形式分析

任务五：深度观赏画作细节，感受北宋社会生活

① 展示画作中几栋建筑的放大图片，学生说说特别的细节及表现方式。

② 根据细节推测这几栋建筑的用途或使用人群有什么不同，说说你的理由，分组完成建筑表格学习单。

（二）图解《千里江山图》

学生需要知道	学生可以理解	学生能够做到
《千里江山图》展现了宋徽宗心中的江山图景	《千里江山图》中的太平盛世、江山万里	对作品中包含的宋文化做出阐释和个性化的解析
解读一张山水画作品可以有多种方式，思维导图是其中的一种。动手绘制导图是创造性的劳动	对《千里江山图》的介绍可以采用思维导图的方式。绘制导图的过程能培养创造力	能够用思维导图图解《千里江山图》，体会动手绘制过程中的乐趣
解读作品需要从整体出发，先厘清框架，再填充细节；解读角度可以有多种，如基本信息、使用材料、绘制内容等	从整体到细节的解读方式会让解读更具条理性；解读《千里江山图》，可以从基本信息、使用材料、描绘内容、绘制步骤等方面进行	能够有条理地介绍《千里江山图》作品的基本信息、使用材料、描绘内容、绘制步骤等，并绘制出精美的思维导图，进行介绍

任务一：解析《千里江山图》中的北宋生活

1. 教师展示作品中的船只与建筑图片，学生分组讨论：画作中北宋时期人们的生活情境是怎样的，说出理由。

2. 如果是你，愿意住在画卷中的哪栋建筑中呢？学生说理由。

任务二：绘制导图，感悟画中山水与生活的美

① 教师展示一组思维导图，学生赏析思考是否适用于制作《千里江山图》的导图。

② 学生分组讨论自己的《千里江山图》导图框架。

③ 学生小结《千里江山图》多种导图框架，如画作的基本信息、使用材料、绘制内容、绘制步骤、创作目的、流传历史等。导图绘制的方法是先厘清主体框架，再确定分支，然后添加细节。

④ 学生绘制《千里江山图》导图，并分组分享展示。

用手绘或者拼贴加手绘的方式绘制导图，注意图文结合，让导图具有观赏性和可读性。

利用优秀导图作品，引导学生注重画面的条理性和观赏性。利用绘制导图的过程启发学生感悟画中山水与生活的美。

（三）探究《千里江山图》——翰林画院利与弊

学生需要知道	学生可以理解	学生能够做到
任何事情都像硬币存在两个面，具有两面性；辩论赛的大致规则和程序；在辩论中，从己方观点出发进行发言	从不同的角度出发，就有不同的观点，对待问题，可以多角度进行思考；通过辩论，可以提高我们思维的深刻性、论证性和敏捷性	选择一个角度，大胆表达自己的观点，并且有理有据地论证自己的观点；对对方的观点能积极、大胆反驳
在互联网或者书籍中辨别、搜集所需资料需要一定的方法	在众多资料中，自己需要的资料才是有效资料	能够用检索、选择、整理的方式搜集所需资料
翰林画院是北宋宫廷画院，为宫廷服务，为皇帝审美服务；《千里江山图》是王希孟在翰林画院创作的作品，画作所用的材料昂贵，耗费钱财；及时反思是帮助成长的重要方式	绘画不是独立存在的，具有社会属性，通过解读《千里江山图》能了解北宋的社会生活；宫廷画院精细严谨的绘画品格；及时反思能促进自身能力的发展	能通过举例子的方式、通俗易懂且完整的语句，对翰林画院做出阐释和个性化的解析；在辩论中比较分析翰林画院的利与弊；能通过撰写辩论赛感想进行反思

任务一：完成课前相关学习任务

1. 教师解读学习任务

解读学习主题任务：北宋发展翰林画院的利与弊。

介绍完成任务的形式：辩论赛。

介绍查找资料的方式：书籍、网络、报纸杂志等。

2. 学生利用课外时间检索、选择、整理所需资料

任务二：辩论前的准备

学生做辩论前的准备

①学生将教室桌椅摆到黑板两侧相对的位置，进入辩论氛围。

②教师介绍辩论的规则与程序。

③选定辩方成员并确定每位辩手的发言顺序。

④所有辩方成员一起汇总材料，理出主要论据，并确定发言顺序。

⑤抽签确定正反方的发言顺序。

任务三：展开辩论
① 教师介绍正反方成员及所持观点、评判团成员，然后宣布比赛开始。
② 正反方一辩分别用4分钟时间说明自己一方的观点。
③ 辩方其他成员进行攻辩，每位辩手攻辩时间为1分钟。
④ 正反方选出一位成员分别用3分钟时间进行总结陈词。
⑤ 评判团成员给正反方打分并统计分数，教师宣布获胜队和"优秀辩手"。

学生辩论活动展示

任务四：完成课后相关学习任务
① 结合辩论经历，思考宋徽宗的审美对中国传统艺术的深远影响。
② 撰写辩论赛感想。

（四）创意临摹《千里江山图》

学生需要知道	学生可以理解	学生能够做到
艺术作品的表现方式有很多种，每个人都能用自己的方式表现《千里江山图》；可以结合自己的美术学习经验选择适于表现的造型方式；在完成作品的劳动过程中，学会自我管理	对经典作品的创意临摹是解读作品的一种方式；用不同材料、不同造型方式表现的美术作品，都有独特的审美价值；劳动过程中学会自我管理可以培养劳动能力	能够选择适于自己的美术表现方式进行《千里江山图》的创意表现；能够独立或者与同学合作完成任务
在创意表现《千里江山图》的过程中遇到一些问题时，需要通过不断实践来解决，解决问题的过程能培养积极的劳动意识	创意表现的过程中遇到问题时，想办法解决问题是必须具备的素养；解决在创作中遇到的问题能培养积极的劳动意识	能够通过自己动手，完成学习任务；能综合多种知识和经验，通过多种渠道解决创意表现过程中出现的问题

任务一：开阔创意表现视野

1. 教师展示学习素材

展示金代画家根据碑上的线刻《昭陵六骏》绘制的绢本绘画，毕加索根据委拉斯凯兹写实油画《宫娥》创意表现的《宫娥》。

2. 学生分析对名作的创意表现可以采用的方法与思路

结合自己的美术学习经验，解释艺术家的创意表现思路，明确艺术表现是可以有多种方式，是可以融入自己想法的。

任务二：设计制作，创意表现《千里江山图》

① 教师提供实物素材：复刻的《千里江山图》、超轻黏土、油画棒、卡纸等。

② 学生按照自己习惯的表现方式找到合作的小伙伴，并在课室中根据小组成员的多少调整课桌位置，挑选适合自己表现的工具。

③ 克服制作过程中的障碍，通力合作，完成作品。

学生创作及作品展示

任务三：展示创意作品成果

① 教师准备校园展示空间。

② 学生整理创意作品，布置展览。团队合作根据展示空间的形状、大小、空间等布置展览，并向观展同学和教师介绍展览，开展交流分享活动。

③ 学生完成评价量表，对自己在活动中的表现进行评价。

④ 教师统计学生的单元学业成绩，进行小结。

四、案例评价

（一）劳"艺"结合，注重学生的感知与体验

落实核心素养目标的学习，最重要的是关注学生的感知与体验。学生在学习过程中，从自身的感悟出发，在感知和体验中，进行深度学习。本案例围绕《千里江山图》，融合美术课程与劳动课程，从体验推开与卷起画卷开始，展开的一系列活动都重在学生本体的感知与体验，是基于学生立场教育观的活动设计。

（二）任务导向，培养学生的创造性思维

核心素养本位的学习，由主题统领、任务导向、展开学习活动组成。

学生在完成任务的过程中，发现问题，创造性地解决问题，培养了创造性思维。比如，在完成《千里江山图》思维导图的过程中，确定从哪些角度解读、如何整体规划、如何将设计实体化，都需要创造性思维的直接参与。创意表现《千里江山图》任务，更是需要综合美术学习经验和劳动学习经验进行创造设计与制作。当学生通过自己的劳动完成了思维导图和创意作品时，他们的创造性思维也就提升了。

（三）多维视角，促进学生艺术思维的形成

对古代美术作品的解读，仅仅基于某个视角进行文化、历史、造型元素的梳理，学生的理解是平面的。多维视角的单元课程，从作品本身到社会环境，从美术到历史，从欣赏到辩论，通过多维视角，促使学生对《千里江山图》的了解更全面，形成了从一般到复杂的思维进阶。就像学生在辩论赛后所写的感悟，反方的廖裕玲写道："当时的人民真的能够理解这种美吗？"正方李婧榕说："我们应该了解历史，再做判断，因为他们都是有血有肉的人。"他们敢于质疑，开始有了批判性思维，能更关注艺术、关注社会，知道艺术和生活息息相关，慢慢就能形成艺术的思维。